Délices Méditerranéens

Une Odyssée Culinaire au Bord de la Mer

Camille Rousseau

Indice

Pizza au quinoa 9

Pain au romarin et aux noix 11

Délicieux sandwichs au crabe 14

Pizza parfaite 16

Marguerite méditerranéenne 20

Omelette farcie aux assaisonnements épicés de courgettes et de tomates 22

Pain à la crème sure et aux bananes 24

Pain pita fait maison 26

Sandwichs à la focaccia 28

Assiette de pain pita zaatar grillé 30

Mini shawarma au poulet 32

Pizza aux aubergines 34

Pizza complète méditerranéenne 36

Pita aux épinards et feta au four 37

Pizza feta pastèque et balsamique 39

Burger aux épices mélangées 40

Sandwichs Jambon - Laitue - Tomate et Avocat 42

Gâteau aux épinards 44

Burger au poulet feta 46

Rôti de porc pour tacos 48

Tarte aux pommes italienne à l'huile d'olive 50

Tilapia rapide à l'oignon rouge et à l'avocat 53

Poisson grillé au citron 55

Dîner de poisson poêlé en semaine 57

Bâtonnets de poisson croustillants à la polenta 59

Saumon poêlé 61

Burgers de thon et courgettes de Toscane 63

Bol sicilien de chou noir et thon 65

Ragoût de morue à la méditerranéenne 67

Moules vapeur sauce au vin blanc 69

Crevettes à l'orange et à l'ail 71

Gnocchis aux crevettes rôties au four 73

Puttanesca de crevettes épicée 75

Sandwichs au thon italiens 77

Wrap à la salade de saumon et d'aneth 79

Gâteau aux palourdes blanches 81

Farine de poisson aux fèves au lard 83

Ragoût de morue aux champignons 84

Espadon épicé 86

Manie de pâtes aux anchois 88

Pâtes aux crevettes et à l'ail 90

Saumon au miel et vinaigre balsamique 92

Farine de poisson à l'orange 93

Zoodles aux crevettes 94

Truite aux Asperges 96

Chou frisé, thon aux olives 98

Crevettes épicées au romarin 100

Saumon aux asperges 102

Salade de thon et noisettes 103

Soupe crémeuse aux crevettes 105

Saumon épicé au quinoa aux légumes	107
Truite Moutardée Aux Pommes	109
Gnocchis aux Crevettes	111
Saganaki aux crevettes	113
Saumon méditerranéen	115
Linguine aux fruits de mer	117
Crevettes au gingembre et sauce tomate	119
Pâtes aux crevettes	122
Morue méditerranéenne	124
Moules au vin blanc	126
Saumon à l'aneth	128
Saumon méditerranéen	130
Mélodie du thon	131
De délicieux steaks	132
Saumon aux herbes	133
Thon glacé fumé	134
Flétan croustillant	135
Thon facile et délicieux	136
Moules O'Marina	137
Rôti de bœuf méditerranéen à la mijoteuse	138
Bœuf méditerranéen mijoté aux artichauts	140
Rôti maigre de style méditerranéen, cuit lentement	142
Pain de viande à la mijoteuse	144
Hoagies au bœuf méditerranéen à la mijoteuse	146
Rôti de porc méditerranéen	148
Pizza au bœuf	150
Boulettes de bœuf et boulgour	153

Délicieux bœuf et brocoli	155
Chili au bœuf et au maïs	156
Plat de boeuf balsamique	157
Rôti de boeuf à la sauce soja	159
Rôti de Boeuf au Romarin	161
Côtes de porc et sauce tomate	163
Poulet à la sauce aux câpres	164
Burger de dinde sauce mangue	166
Poitrine de dinde rôtie aux herbes	168
Saucisse de poulet et poivrons	170
Poulet Piccata	172
Poulet toscan dans une poêle	174
Kapama au poulet	176
Poitrines de poulet farcies aux épinards et feta	178
Cuisses de poulet au four au romarin	180
Poulet aux oignons, pommes de terre, figues et carottes	181
Poulet et Tzatziki	183
Moussaka	185
Filet de porc à la dijonnaise et aux herbes	187
Steak avec sauce aux champignons et vin rouge	189
Boulettes de viande à la grecque	192
Agneau aux Haricots Verts	194
Poulet à la sauce tomate et sauce balsamique	196
Salade de riz brun, feta, petits pois frais et menthe	198
Pain Pita Complet Farci Aux Olives Et Pois Chiches	200
Carottes rôties aux noix et haricots cannellini	202
Poulet au beurre assaisonné	204

Double poulet au bacon et au fromage 206

Crevettes au Citron et Poivre 208

Flétan pané et épicé 210

Curry de saumon à la moutarde 212

Saumon en croûte de noix et romarin 213

Spaghettis rapides à la tomate 215

Fromage cuit au chili et à l'origan 217

311. Poulet Croustillant Italien 217

Poulet grec à la mijoteuse 219

Poulet grillé 221

Pizza au quinoa

Temps de préparation : 15 minutes

Temps de cuisson: 30 minutes

Portions : 4

Niveau de difficulté : facile

Ingrédients:

- 1 tasse de quinoa cru
- 2 gros œufs
- ½ oignon moyen, coupé en dés
- 1 tasse de poivron coupé en dés
- 1 tasse de mozzarella râpée
- 1 cuillère à soupe de basilic séché
- 1 cuillère à soupe d'origan séché
- 2 cuillères à café de poudre d'ail
- 1/8 cuillère à café de sel
- 1 cuillère à café de poivrons rouges hachés
- ½ tasse de poivron rouge rôti, haché*
- Sauce à pizza, environ 1 à 2 tasses

Directions:

Préchauffer le four à 350°F. Faites cuire le quinoa selon les instructions. Mélanger tous les ingrédients (sauf la sauce) dans un bol. Mélangez bien tous les ingrédients.

Versez uniformément le mélange à pizza au quinoa dans le moule à muffins. Pour 12 muffins. Cuire au four pendant 30 minutes jusqu'à ce que les muffins soient dorés et que les bords soient croustillants.

Garnissez de 1 à 2 cuillères à soupe de sauce à pizza et dégustez !

Nutrition (pour 100 g) : 303 calories 6,1 g de matières grasses 41,3 g de glucides 21 g de protéines 694 mg de sodium

Pain au romarin et aux noix

Temps de préparation : 5 minutes

Temps de cuisson: 45 minutes

Portions : 8

Niveau de difficulté : difficile

Ingrédients:

- ½ tasse de noix hachées
- 4 cuillères à soupe de romarin frais haché
- 1 1/3 tasse d'eau gazeuse tiède
- 1 cuillère à soupe de miel
- ½ tasse d'huile d'olive extra vierge
- 1 cuillère à café de vinaigre de cidre de pomme
- 3 oeufs
- 5 cuillères à café de granulés de levure sèche instantanée
- 1 cuillère à café de sel
- 1 cuillère à soupe de gomme xanthane
- ¼ tasse de babeurre en poudre
- 1 tasse de farine de riz blanc
- 1 tasse de fécule de tapioca
- 1 tasse de fécule d'arrow-root
- 1 ¼ tasse de mélange de farine tout usage sans gluten Bob's Red Mill

Directions:

Dans un grand bol, battez bien les œufs. Ajoutez 1 tasse d'eau chaude, le miel, l'huile d'olive et le vinaigre.

En continuant de battre, incorporez le reste des ingrédients sauf le romarin et les noix.

Continuez à battre. Si la pâte est trop épaisse, mélangez-la avec un peu d'eau tiède. La pâte doit être hirsute et dense.

Ajoutez ensuite le romarin et les noix et continuez à pétrir jusqu'à ce qu'ils soient uniformément répartis.

Couvrez le bol de pâte d'un linge propre, placez-le dans un endroit tiède et laissez lever 30 minutes.

Quinze minutes après avoir commencé à lever, préchauffer le four à 400°F.

Graisser généreusement un faitout de 2 litres avec de l'huile d'olive et préchauffer l'intérieur du four sans couvercle.

Une fois que la pâte a fini de lever, sortez le moule du four et placez la pâte à l'intérieur. Avec une spatule humide, étalez uniformément le dessus de la pâte dans le moule.

Badigeonnez le dessus du pain de 2 cuillères à soupe d'huile d'olive, couvrez la cocotte et faites cuire au four pendant 35 à 45 minutes. Une fois le pain cuit, sortez-le du four. Et retirez délicatement le pain de la poêle. Laissez le pain refroidir au moins dix minutes avant de le trancher. Servir et déguster.

Nutrition (pour 100 g) : 424 calories 19 g de matières grasses 56,8 g de glucides 7 g de protéines 844 mg de sodium

Délicieux sandwichs au crabe

Temps de préparation : 5 minutes

Temps de cuisson: 10 minutes

Portions : 4

Niveau de difficulté : facile

Ingrédients:

- 1 cuillère à soupe d'huile d'olive
- Pain français divisé et tranché en diagonale
- 1 livre de crabe aux crevettes
- ½ tasse de céleri
- ¼ tasse d'oignon vert haché
- 1 cuillère à café de sauce Worcestershire
- 1 cuillère à café de jus de citron
- 1 cuillère à soupe de moutarde de Dijon
- ½ tasse de mayonnaise légère

Directions:

Dans un bol moyen, mélangez soigneusement les éléments suivants : céleri, oignon, Worcestershire, jus de citron, moutarde et mayonnaise. Assaisonner de poivre et de sel. Ajoutez ensuite délicatement les amandes et les crabes.

Frottez d'huile d'olive sur les côtés des tranches de pain et tartinez-les du mélange de crabe avant de recouvrir d'une autre tranche de pain.

Griller le sandwich dans un presse-panini jusqu'à ce que le pain soit croustillant et croustillant.

Nutrition (pour 100 g) : 248 calories 10,9 g de matières grasses 12 g de glucides 24,5 g de protéines 845 mg de sodium

Pizza parfaite

Temps de préparation : 35 minutes

Temps de cuisson: 15 minutes

Portions : 10

Niveau de difficulté : difficile

Ingrédients:

- <u>Pour la pâte à pizza :</u>
- 2 cuillères à café de miel
- 1/4 once. levure sèche active
- 11/4 tasses d'eau chaude (environ 120°F)
- 2 cuillères à soupe d'huile d'olive
- 1 cuillère à café de sel marin
- 3 tasses de farine de blé entier + 1/4 tasse, si nécessaire pour rouler
- <u>Pour la garniture de la pizza :</u>
- 1 tasse de pesto
- 1 tasse de coeurs d'artichauts
- 1 tasse de feuilles d'épinards fanées
- 1 tasse de tomates séchées au soleil
- 1/2 tasse d'olives Kalamata
- 125 grammes. feta
- 125 grammes. fromage mélangé à parts égales de mozzarella faible en gras, d'asiago et d'huile d'olive provola

- <u>Joints supplémentaires en option :</u>
- Poivre
- Blanc de poulet, lanières de basilic frais
- pignons de pin

Directions:

Pour la pâte à pizza :

Préchauffer le four à 350°F.

Mélangez le miel et la levure avec de l'eau tiède dans un batteur sur socle muni d'un accessoire pour pâte. Mélanger le mélange jusqu'à ce qu'il soit complètement combiné. Laisser reposer le mélange 5 minutes pour assurer l'activité de la levure grâce à l'apparition de bulles en surface.

Versez l'huile d'olive. Ajoutez le sel et mélangez pendant une demi-minute. Ajoutez progressivement 3 tasses de farine, environ une demi-tasse à la fois, en mélangeant quelques minutes entre chaque ajout.

Laissez le batteur sur socle pétrir le mélange pendant 10 minutes jusqu'à ce qu'il soit lisse et élastique, en le saupoudrant de farine aussi souvent que nécessaire pour éviter que la pâte ne colle aux surfaces du bol du batteur sur socle.

Sortez la pâte du bol. Laisser reposer 15 minutes recouvert d'un torchon tiède et humide.

Abaisser la pâte sur une épaisseur d'un demi-pouce, en la saupoudrant de farine au besoin. Percez sans discernement des trous dans la pâte à l'aide d'une fourchette pour éviter que la croûte ne bouillonne.

Disposez la pâte perforée et roulée sur une pierre à pizza ou une plaque à pâtisserie. Cuire 5 minutes.

Pour la garniture de la pizza :

Badigeonner légèrement la coque de pizza cuite d'huile d'olive.

Verser sur le pesto et bien étaler sur la surface de la coque de la pizza, en laissant un demi-pouce d'espace sur le pourtour comme la croûte.

Garnir la pizza de cœurs d'artichauts, de feuilles d'épinards fanées, de tomates séchées et d'olives. (Couvrez avec des compléments supplémentaires, si vous le souhaitez.) Couvrez le dessus de fromage.

Placez la pizza directement sur la grille du four. Cuire 10 minutes jusqu'à ce que le fromage bouillonne et fonde du centre vers la fin. Laissez la pizza refroidir pendant 5 minutes avant de la trancher.

Nutrition (pour 100 g) : 242,8 calories 15,1 g de matières grasses 15,7 g de glucides 14,1 g de protéines 942 mg de sodium

Marguerite méditerranéenne

Temps de préparation : 15 minutes

Temps de cuisson: 15 minutes

Portions : 10

Niveau de difficulté : difficile

Ingrédients:

- 1 lot de coquilles de pizza
- 2 cuillères à soupe d'huile d'olive
- 1/2 tasse de tomates concassées
- 3 tomates Roma, coupées en tranches de 1/4 de pouce d'épaisseur
- 1/2 tasse de feuilles de basilic frais, tranchées finement
- Bloc de 6 onces de mozzarella, coupé en tranches de 1/4 de pouce, séché avec du papier absorbant
- 1/2 cuillère à café de sel marin

Directions:

Préchauffer le four à 450°F.

Badigeonner légèrement la coque de la pizza d'huile d'olive. Étalez délicatement les tomates concassées sur la croûte de la pizza, en laissant un demi-pouce d'espace autour du bord pour former la croûte.

Garnir la pizza de tranches de tomates Roma, de feuilles de basilic et de tranches de mozzarella. Saupoudrer la pizza de sel.

Transférez la pizza directement sur la grille du four. Cuire jusqu'à ce que le fromage fonde du centre à la croûte. Réserver avant de trancher.

Nutrition (pour 100 g) : 251 calories 8 g de matières grasses 34 g de glucides 9 g de protéines 844 mg de sodium

Omelette farcie aux assaisonnements épicés de courgettes et de tomates

Temps de préparation : 10 minutes

Temps de cuisson: 15 minutes

Portions : 4

Niveau de difficulté : facile

Ingrédients:

- 8 œufs en morceaux
- 1/4 cuillère à café de poivron rouge, écrasé
- 1/4 cuillère à café de sel
- 1 cuillère à soupe d'huile d'olive
- 1 morceau de petites courgettes tranchées finement dans le sens de la longueur
- 1/2 tasse de tomates cerises rouges ou jaunes, coupées en deux
- 1/3 tasse de noix, hachées grossièrement
- 2 oz. Petits morceaux de mozzarella fraîche

Directions:

Préchauffez le gril. Pendant ce temps, fouettez ensemble les œufs, le poivron rouge broyé et le sel dans un bol moyen. Mettre à part.

Dans une poêle allant au gril de 10 pouces, à feu moyen-vif, faire chauffer l'huile d'olive. Disposez les tranches de courgettes en une couche uniforme au fond de la poêle. Cuire 3 minutes en les retournant une fois à mi-cuisson.

Couvrir la couche de courgettes avec les tomates cerises. Verser le mélange d'œufs sur les légumes dans la poêle. Garnir de noix et de boules de mozzarella.

Tourner à feu moyen. Cuire jusqu'à ce que les côtés commencent à prendre. Utilisez une spatule pour soulever l'omelette afin de permettre aux portions crues du mélange d'œufs de glisser en dessous.

Placez la poêle sur le gril. Cuire l'omelette à 4 pouces du feu pendant 5 minutes jusqu'à ce que le dessus soit pris. Pour servir, coupez l'omelette en quartiers.

Nutrition (pour 100 g) : 284 calories 14 g de matières grasses 4 g de glucides 17 g de protéines 788 mg de sodium

Pain à la crème sure et aux bananes

Temps de préparation : 10 minutes
Temps de cuisson: 1 heure et 10 minutes
Portions : 32
Niveau de difficulté : moyen

Ingrédients:

- Sucre blanc (0,25 tasse)
- Cannelle (1 cuillère à café + 2 cuillères à café)
- Beurre (0,75)
- Sucre blanc (3 tasses)
- Oeufs (3)
- Bananes bien mûres, écrasées (6)
- Crème sure (récipient de 16 onces)
- Extrait de vanille (2 cuillères à café)
- Sel (0,5 cuillère à café)
- Bicarbonate de soude (3 cuillères à café)
- Farine tout usage (4,5 tasses)
- Facultatif : noix hachées (1 tasse)
- Également nécessaire : 4 casseroles de 7 x 3 pouces

Directions:

Réglez le four pour atteindre 300 ° Fahrenheit. Beurrer les moules à pain.

Tamisez le sucre et une cuillère à café de cannelle. Saupoudrer la poêle avec le mélange.

Crémer le beurre avec le reste du sucre. Écrasez les bananes avec les œufs, la cannelle, la vanille, la crème sure, le sel, le bicarbonate de soude et la farine. Ajoutez les noix en dernier.

Versez le mélange dans les moules. Faites-le cuire pendant une heure. Servir

Nutrition (pour 100 g) : 263 calories 10,4 g de matières grasses 9 g de glucides 3,7 g de protéines 633 mg de sodium

Pain pita fait maison

Temps de préparation : 15 minutes

Temps de cuisson: 5 heures (comprend les temps de montée)

Portions : 7

Niveau de difficulté : difficile

Ingrédients:

- Levure sèche (0,25 oz)
- Sucre (0,5 cuillère à café)
- Farine à pain/blé entier et mélange tout usage (2,5 tasses ou plus pour saupoudrer)
- Sel (0,5 cuillère à café)
- Eau (0,25 tasse ou au besoin)
- Huile au besoin

Directions:

Dissoudre la levure et le sucre dans ¼ tasse d'eau tiède dans un petit bol à mélanger. Attendez environ 15 minutes (c'est prêt quand il est mousseux).

Dans un autre récipient tamisez la farine et le sel. Faites un puits au centre et ajoutez le mélange de levure (+) une tasse d'eau. Pétrir la pâte.

Placez-le sur une surface légèrement farinée et pétrissez.

Mettez un filet d'huile au fond d'un grand bol et étalez la pâte jusqu'à ce qu'elle recouvre la surface.

Placez un chiffon humide sur le récipient à pâte. Enveloppez le bol avec un chiffon humide et placez-le dans un endroit chaud pendant au moins deux heures ou toute la nuit. (La pâte va doubler de volume.)

Pétrir la pâte et pétrir le pain et le diviser en boules. Aplatissez les boules en disques ovales épais.

Saupoudrez un torchon de farine et placez les disques ovales dessus en laissant suffisamment d'espace pour se dilater entre eux. Saupoudrez de farine et placez un autre chiffon propre dessus. Laisser lever encore une heure ou deux.

Réglez le four à 425 ° Fahrenheit. Placez plusieurs plaques à pâtisserie au four pour les réchauffer brièvement. Graissez légèrement les plaques à pâtisserie chauffées avec de l'huile et placez les disques de pain ovales dessus.

Saupoudrer légèrement les ovales d'eau et cuire jusqu'à ce qu'ils soient légèrement dorés, ou pendant six à huit minutes.

Servez-les pendant qu'ils sont chauds. Placez les focaccias sur une grille et enveloppez-les dans un linge propre et sec pour les garder moelleuses pour plus tard.

Nutrition (pour 100 g) : 210 calories 4 g de matières grasses 6 g de glucides 6 g de protéines 881 mg de sodium

Sandwichs à la focaccia

Temps de préparation : 10 minutes
Temps de cuisson: 20 minutes
Portions : 6
Niveau de difficulté : facile

Ingrédients:

- Huile d'olive (1 cuillère à soupe)
- Pilaf aux 7 grains (paquet de 8,5 oz)
- Concombre anglais sans pépins (1 tasse)
- Tomate épépinée (1 tasse)
- Fromage feta émietté (0,25 tasse)
- Jus de citron frais (2 cuillères à soupe)
- Poivre noir fraîchement moulu (0,25 cuillère à café)
- Houmous nature (récipient de 7 onces)
- Wraps de focaccia blanche complète (3, 2,8 onces chacun)

Directions:

Faites cuire le pilaf comme indiqué sur l'emballage et laissez-le refroidir.

Hachez et ajoutez la tomate, le concombre, le fromage, l'huile, le poivre et le jus de citron. Incorporer le pilaf.

Préparez les rouleaux avec du houmous sur une face. Ajouter le pilaf et plier.

Couper en sandwich et servir.

Nutrition (pour 100 g) : 310 calories 9 g de matières grasses 8 g de glucides 10 g de protéines 745 mg de sodium

Assiette de pain pita zaatar grillé

Temps de préparation : 10 minutes

Temps de cuisson: 10 minutes

Portions : 4

Niveau de difficulté : moyen

Ingrédients:

- Tranches de pita complet (4)
- Huile d'olive (4 cuillères à soupe)
- Zaatar (4 cuillères à café)
- Yaourt grec (1 tasse)
- Poivre noir et sel casher (à votre goût)
- Houmous (1 tasse)
- Coeurs d'artichauts marinés (1 tasse)
- Olives assorties (2 tasses)
- Poivrons rouges rôtis tranchés (1 tasse)
- Tomates cerises (2 tasses)
- Salami (4 onces)

Directions:

Utilisez un feu moyen-vif pour chauffer une grande poêle.

Graisser légèrement le pita avec de l'huile de chaque côté et ajouter le zaatar pour l'assaisonnement.

Préparez par lots en ajoutant le pita dans une poêle et en le faisant griller jusqu'à ce qu'il soit doré. Cela devrait prendre environ deux minutes de chaque côté. Coupez chacun des pains plats en quartiers.

Assaisonnez le yaourt avec du poivre et du sel.

Pour assembler, divisez les pommes de terre et ajoutez le houmous, le yaourt, les cœurs d'artichauts, les olives, les poivrons rouges, les tomates et le salami.

Nutrition (pour 100 g) : 731 calories 48 g de matières grasses 10 g de glucides 26 g de protéines 632 mg de sodium

Mini shawarma au poulet

Temps de préparation : 10 minutes
Temps de cuisson: 1 heure et 15 minutes
Portions : 8
Niveau de difficulté : facile

Ingrédients:

- <u>Poulet:</u>
- Filets de poulet (1 lb)
- Huile d'olive (0,25 tasse)
- Citron - zeste et jus (1)
- Cumin (1 cuillère à café)
- Poudre d'ail (2 cuillères à café)
- Paprika fumé (0,5 cuillère à café)
- Coriandre (0,75 cuillère à café)
- Poivre noir fraîchement moulu (1 cuillère à café)
- <u>La sauce:</u>
- Yaourt grec (1,25 tasse)
- Jus de citron (1 cuillère à soupe)
- Gousse d'ail râpée (1)
- Aneth fraîchement haché (2 cuillères à soupe)
- Poivre noir (0,125 cuillères à café / au goût)
- Sel casher (au goût)
- Persil frais haché (0,25 tasse)
- Oignon rouge (la moitié de 1)

- Laitue romaine (4 feuilles)
- Concombre anglais (la moitié de 1)
- Tomates (2)
- Mini-pitas (16)

Directions:

Placer le poulet dans un sac zippé. Mélanger les parures de poulet et les ajouter au sac pour laisser mariner jusqu'à une heure.

Préparez la sauce en mélangeant le jus, l'ail et le yaourt dans un bol à mélanger. Incorporer l'aneth, le persil, le poivre et le sel. Mettre au réfrigérateur.

Faites chauffer une poêle à feu moyen. Transférer le poulet de la marinade (laisser l'excédent s'égoutter).

Cuire jusqu'à ce qu'il soit bien cuit ou environ quatre minutes de chaque côté. Coupez-le en petites lanières.

Tranchez finement le concombre et l'oignon. Râpez la laitue et hachez les tomates. Assemblez et ajoutez aux focaccias : poulet, laitue, oignon, tomate et concombre.

Nutrition (pour 100 g) : 216 calories 16 g de matières grasses 9 g de glucides 9 g de protéines 745 mg de sodium

Pizza aux aubergines

Temps de préparation : 10 minutes
Temps de cuisson: 30 minutes
Portions : 6
Niveau de difficulté : moyen

Ingrédients:

- Aubergine (1 grosse ou 2 moyennes)
- Huile d'olive (0,33 tasse)
- Poivre noir et sel (au goût)
- Sauce Marinara - achetée en magasin/faite maison (1,25 tasse)
- Mozzarella râpée (1,5 tasse)
- Tomates cerises (2 tasses - coupées en deux)
- Feuilles de basilic déchirées (0,5 tasse)

Directions:

Chauffez le four jusqu'à ce qu'il atteigne 400 ° Fahrenheit. Préparez la plaque à pâtisserie avec une couche de papier sulfurisé.

Coupez les extrémités de l'aubergine et coupez-la en tranches de quelques centimètres. Disposez les tranches sur la pâte préparée et badigeonnez les deux côtés d'huile d'olive. Saupoudrer de poivre et de sel à votre convenance.

Rôtir les aubergines jusqu'à ce qu'elles soient tendres (10 à 12 min.).

Sortez la poêle du four et ajoutez deux cuillères à soupe de sauce sur chaque section. Garnissez-le de mozzarella et de trois à cinq morceaux de tomate.

Cuire jusqu'à ce que le fromage soit fondu. Les tomates devraient commencer à boursoufler au bout de cinq à sept minutes de plus.

Retirez la poêle du four. Assiettez et décorez le basilic.

Nutrition (pour 100 g) : 257 calories 20 g de matières grasses 11 g de glucides 8 g de protéines 789 mg de sodium

Pizza complète méditerranéenne

Temps de préparation : 10 minutes
Temps de cuisson: 25 minutes
Portions : 4
Niveau de difficulté : facile

Ingrédients:

- Pâte à pizza complète (1)
- Pesto au basilic (pot de 4 onces)
- Coeurs d'artichauts (0,5 tasse)
- Olives de Kalamata (2 cuillères à soupe)
- Pepperoncini (2 cuillères à soupe, égouttés)
- Feta (0,25 tasse)

Directions:

Programmez le four à 450 ° Fahrenheit.

Égouttez et coupez les artichauts en morceaux. Tranchez/hachez les piments et les olives.

Placez la croûte à pizza sur un plan de travail fariné et recouvrez-la de pesto. Disposez les artichauts, les tranches de piment et les olives sur la pizza. Enfin, émiettez et ajoutez la feta.

Cuire au four pendant 10 à 12 minutes. Servir.

Nutrition (pour 100 g) : 277 calories 18,6 g de matières grasses 8 g de glucides 9,7 g de protéines 841 mg de sodium

Pita aux épinards et feta au four

Temps de préparation : 5 minutes

Temps de cuisson: 22 minutes

Portions : 6

Niveau de difficulté : difficile

Ingrédients:

- Pesto aux tomates séchées au soleil (pot de 6 oz)
- Rome - tomates cerises (2 hachées)
- Pain pita complet (six pouces de 6 pouces)
- Épinards (1 botte)
- Champignons (4 tranchés)
- Parmesan râpé (2 cuillères à soupe)
- Fromage feta émietté (0,5 tasse)
- Huile d'olive (3 cuillères à soupe)
- Poivre noir (au goût)

Directions:

Réglez le four à 350 ° Fahrenheit.

Badigeonner de pesto un côté de chaque pain pita et disposer sur une plaque à pâtisserie (côté pesto vers le haut).

Rincer et hacher les épinards. Garnir les focaccias d'épinards, de champignons, de tomates, de feta, de poivre, de parmesan, de poivre et d'un filet d'huile.

Cuire au four chaud jusqu'à ce que le pain pita soit croustillant (12 min). Coupez les focaccias en quartiers.

Nutrition (pour 100 g) : 350 calories 17,1 g de matières grasses 9 g de glucides 11,6 g de protéines 712 mg de sodium

Pizza feta pastèque et balsamique

Temps de préparation : 10 minutes

Temps de cuisson: 15 minutes

Portions : 4

Niveau de difficulté : facile

Ingrédients:

- Pastèque (1 pouce d'épaisseur à partir du centre)
- Fromage feta émietté (1 once)
- Olives Kalamata tranchées (5-6)
- Feuilles de menthe (1 cuillère à café)
- Glaçage balsamique (0,5 cuillère à soupe)

Directions:

Coupez la partie la plus large de la pastèque en deux. Ensuite, coupez chaque moitié en quatre quartiers.

Servir sur un moule à gâteau rond comme une pizza ronde et recouvrir d'olives, de fromage, de feuilles de menthe et de glaçage.

Nutrition (pour 100 g) : 90 calories 3 g de matières grasses 4 g de glucides 2 g de protéines 761 mg de sodium

Burger aux épices mélangées

Temps de préparation : 10 minutes

Temps de cuisson: 30 minutes

Portions : 6

Niveau de difficulté : moyen

Ingrédients:

- Oignon moyen (1)
- Persil frais (3 cuillères à soupe)
- Gousse d'ail (1)
- Piment de la Jamaïque moulu (0,75 cuillère à café)
- Poivre (0,75 cuillère à café)
- Noix de muscade moulue (0,25 cuillère à café)
- Cannelle (0,5 cuillère à café)
- Sel (0,5 cuillère à café)
- Menthe fraîche (2 cuillères à soupe)
- 90 % de bœuf haché maigre (1,5 livre)
- Facultatif : Sauce Tzatziki froide

Directions:

Hachez/hachez finement le persil, la menthe, l'ail et les oignons.

Incorporer la muscade, le sel, la cannelle, le poivre, le piment de la Jamaïque, l'ail, la menthe, le persil et l'oignon.

Ajouter le bœuf et faire six (6) galettes oblongues de 2 x 4 pouces.

Utilisez un feu moyen pour griller les galettes ou faites-les griller à quatre pouces du feu pendant 6 minutes de chaque côté.

Une fois terminé, le thermomètre à viande enregistrera 160° Fahrenheit. Servir avec de la sauce si désiré.

Nutrition (pour 100 g) :231 calories 9 g de matières grasses 10 g de glucides 32 g de protéines 811 mg de sodium

Sandwichs Jambon - Laitue - Tomate et Avocat

Temps de préparation : 10 minutes
Temps de cuisson: 10 minutes
Portions : 4
Niveau de difficulté : facile

Ingrédients:

- Jambon (2 oz/8 tranches fines)
- Avocat mûr (1 coupé en deux)
- Laitue romaine (4 feuilles entières)
- Grosse tomate mûre (1)
- Tranches de pain complet ou complet (8)
- Poivre noir et sel casher (0,25 cuillère à café)

Directions:

Coupez les feuilles de laitue en huit morceaux (au total). Coupez la tomate en huit rondelles. Faites griller le pain et placez-le dans une assiette.

Grattez la pulpe d'avocat de la peau et jetez-la dans un bol. Saupoudrez-le légèrement de poivre et de sel. Battez ou écrasez doucement l'avocat jusqu'à ce qu'il soit crémeux. Répartir sur le pain.

Préparer un sandwich. Prenez une tranche de pain grillé à l'avocat ; garnir d'une feuille de laitue, d'une tranche de jambon et d'une tranche de tomate. Complétez avec une autre tranche de laitue tomate et continuez.

Répétez le processus jusqu'à ce que tous les ingrédients soient épuisés.

Nutrition (pour 100 g) : 240 calories 9 g de matières grasses 8 g de glucides 12 g de protéines 811 mg de sodium

Gâteau aux épinards

Temps de préparation : 10 minutes
Temps de cuisson: 60 minutes
Portions : 6
Niveau de difficulté : moyen

Ingrédients:

- Beurre fondu (0,5 tasse)
- Épinards surgelés (paquet de 10 oz)
- Persil frais (0,5 tasse)
- Oignons verts (0,5 tasse)
- Aneth frais (0,5 tasse)
- Fromage feta émietté (0,5 tasse)
- Fromage à la crème (4 onces)
- Fromage cottage (4 onces)
- Parmesan (2 cuillères à soupe - râpé)
- Gros œufs (2)
- Poivre et sel (au goût)
- Pâte phyllo (40 feuilles)

Directions:

Chauffer le four à 350 ° Fahrenheit.

Hachez/hachez les oignons, l'aneth et le persil. Décongeler les épinards et les feuilles de pâtes. Séchez les épinards en les pressant.

Mélanger les épinards, les échalotes, les œufs, les fromages, le persil, l'aneth, le poivre et le sel dans un mélangeur jusqu'à obtenir une consistance crémeuse.

Préparez des petits triangles de pâte phyllo en les remplissant d'une cuillère à café du mélange d'épinards.

Badigeonnez légèrement l'extérieur des triangles de beurre et placez-les, joint vers le bas, sur une plaque à pâtisserie non graissée.

Placez-les au four chaud pour cuire jusqu'à ce qu'ils soient dorés et gonflés (20-25 min.). Servir chaud.

Nutrition (pour 100 g) : 555 calories 21,3 g de matières grasses 15 g de glucides 18,1 g de protéines 681 mg de sodium

Burger au poulet feta

Temps de préparation : 10 minutes

Temps de cuisson: 30 minutes

Portions : 6

Niveau de difficulté : moyen

Ingrédients:

- ¼ tasse de mayonnaise allégée
- ¼ tasse de concombre finement haché
- ¼ cuillère à café de poivre noir
- 1 cuillère à café de poudre d'ail
- ½ tasse de poivron rouge rôti haché
- ½ cuillère à café d'assaisonnement grec
- 1,5 livre de poulet haché maigre
- 1 tasse de fromage feta émietté
- 6 pains à hamburger complets

Directions:

Préchauffez le grill au four à l'avance. Mélangez la mayonnaise et le concombre. Mettre à part.

Mélangez les assaisonnements et le piment pour les hamburgers. Mélangez bien le poulet et le fromage. Former le mélange en galettes de 6 1/2 pouces d'épaisseur.

Faites cuire les hamburgers sur un gril et placez-les à environ quatre pouces de la source de chaleur. Cuire jusqu'à ce que le thermomètre atteigne 165 ° Fahrenheit.

Servir avec une focaccia et une sauce au concombre. Garnir de tomate et de laitue si désiré et servir.

Nutrition (pour 100 g) : 356 calories 14 g de matières grasses 10 g de glucides 31 g de protéines 691 mg de sodium

Rôti de porc pour tacos

Temps de préparation : 10 minutes

Temps de cuisson: 1 heure et 15 minutes

Portions : 6

Niveau de difficulté : moyen

Ingrédients:

- Épaule de porc rôtie (4 livres)
- Piments verts coupés en dés (boîtes de 2 à 4 onces)
- Poudre de chili (0,25 tasse)
- Origan séché (1 cuillère à café)
- Assaisonnement pour tacos (1 cuillère à café)
- Ail (2 cuillères à café)
- Sel (1,5 cuillères à café ou au choix)

Directions:

Réglez le four pour atteindre 300 ° Fahrenheit.

Placez le rôti sur une grande feuille de papier d'aluminium.

Égoutter les piments. Hachez l'ail.

Mélangez les piments verts, l'assaisonnement pour tacos, la poudre de chili, l'origan et l'ail. Frotter le mélange sur le rôti et couvrir d'une couche de papier d'aluminium.

Placez le porc enveloppé sur une grille sur une plaque à pâtisserie pour récupérer tout déversement.

Faites-le cuire 3,5 à 4 heures à four chaud jusqu'à ce qu'il se désagrège. Cuire jusqu'à ce que le centre atteigne au moins 145 ° Fahrenheit lorsqu'il est testé avec un thermomètre à viande (température interne).

Transférez le rôti sur une planche à découper pour le déchiqueter en petits morceaux à l'aide de deux fourchettes. Assaisonnez-le au goût.

Nutrition (pour 100 g) : 290 calories 17,6 g de matières grasses 12 g de glucides 25,3 g de protéines 471 mg de sodium

Tarte aux pommes italienne à l'huile d'olive

Temps de préparation : 10 minutes
Temps de cuisson: 1 heure et 10 minutes
Portions : 12
Niveau de difficulté : moyen

Ingrédients:

- Pommes Gala (2 grosses)
- Jus d'orange - pour faire tremper les pommes
- Farine tout usage (3 tasses)
- Cannelle moulue (0,5 cuillère à café)
- Noix de muscade (0,5 cuillère à café)
- Levure chimique (1 cuillère à café)
- Bicarbonate de soude (1 cuillère à café)
- Sucre (1 tasse)
- Huile d'olive (1 tasse)
- Gros œufs (2)
- Raisins secs dorés (0,66 tasse)
- Sucre glace - pour saupoudrer
- Également nécessaire : un plat allant au four de 9 pouces

Directions:

Épluchez et hachez finement les pommes. Arrosez les pommes avec juste assez de jus d'orange pour éviter qu'elles ne brunissent.

Faire tremper les raisins secs dans l'eau tiède pendant 15 minutes et bien les égoutter.

Tamisez ensemble le bicarbonate de soude, la farine, la levure chimique, la cannelle et la muscade. Mettez cela de côté pour le moment.

Versez l'huile d'olive et le sucre dans le bol d'un batteur sur socle. Mélanger à feu doux pendant 2 minutes ou jusqu'à ce que le tout soit bien mélangé.

Mixez-les en courant, cassez les œufs un à un et continuez à mélanger pendant 2 minutes. Le mélange doit augmenter de volume ; il doit être épais et non coulant.

Mélangez bien tous les ingrédients. Faire un puits au centre du mélange de farine et ajouter le mélange d'olives et de sucre.

Retirez l'excès de jus des pommes et égouttez les raisins secs trempés. Ajoutez-les à la pâte en mélangeant bien.

Préparez la plaque à pâtisserie avec du papier sulfurisé. Déposez la pâte sur le moule et nivelez-la avec le dos d'une cuillère en bois.

Cuire au four 45 minutes à 350° Fahrenheit.

Lorsqu'il est prêt, retirez le gâteau du papier sulfurisé et déposez-le sur une assiette de service. Saupoudrer de sucre glace. Faites chauffer du miel noir pour garnir la surface.

Nutrition (pour 100 g) : 294 calories 11 g de matières grasses 9 g de glucides 5,3 g de protéines 691 mg de sodium

Tilapia rapide à l'oignon rouge et à l'avocat

Temps de préparation : 10 minutes
Temps de cuisson: Cinq minutes
Portions : 4
Niveau de difficulté : moyen

Ingrédients:

- 1 cuillère à soupe d'huile d'olive extra vierge
- 1 cuillère à soupe de jus d'orange fraîchement pressé
- ¼ cuillère à café de sel casher ou marin
- 4 filets de tilapia (4 onces), plus oblongs que carrés, avec ou sans peau
- ¼ tasse d'oignon rouge haché
- 1 avocat

Directions:

Dans un moule à gâteau en verre de 9 pouces, mélanger l'huile, le jus d'orange et le sel. Travaillez les filets en même temps, placez chacun dans la poêle et recouvrez-les sur toutes les faces. Former les filets en forme de roue. Garnir chaque filet d'1 cuillère à soupe d'oignon, puis replier l'extrémité saillante du filet en deux sur le bord de l'oignon. Une fois cela fait, vous devriez avoir 4 filets pliés avec le pli contre le bord extérieur du plat et les extrémités toutes au centre.

Enveloppez le plat de cuisson dans du plastique en laissant une petite partie ouverte sur le bord pour laisser échapper la vapeur. Cuire à feu vif environ 3 minutes au micro-ondes. Une fois terminé, il devrait se séparer en flocons (morceaux) lorsqu'on le presse doucement avec une fourchette. Garnir les filets d'avocat et servir.

Nutrition (pour 100 g) : 200 calories 3 g de matières grasses 4 g de glucides 22 g de protéines 811 mg de sodium

Poisson grillé au citron

Temps de préparation : 10 minutes

Temps de cuisson: 10 minutes

Portions : 4

Niveau de difficulté : difficile

Ingrédients:

- 4 (4 onces) filets de poisson
- Spray de cuisson antiadhésif
- 3 à 4 citrons moyens
- 1 cuillère à soupe d'huile d'olive extra vierge
- ¼ cuillère à café de poivre noir fraîchement moulu
- ¼ cuillère à café de sel casher ou marin

Directions:

À l'aide de papier absorbant, séchez les filets et laissez-les reposer à température ambiante pendant 10 minutes. Pendant ce temps, enduisez la grille de cuisson froide du gril d'un enduit à cuisson antiadhésif et préchauffez le gril à 400 °F ou à feu moyen-vif.

Coupez un citron en deux et réservez la moitié. Coupez la moitié restante de ce citron et les citrons restants en tranches de ¼ de pouce d'épaisseur. (Vous devriez avoir environ 12 à 16 tranches de citron.) Dans un petit bol, pressez 1 cuillère à soupe de jus de la moitié de citron réservée.

Ajouter l'huile dans le bol avec le jus de citron et bien mélanger. Placer les deux côtés du poisson avec le mélange d'huile et saupoudrer uniformément de poivre et de sel.

Placez délicatement les tranches de citron sur le gril (ou la lèchefrite), en disposant 3 à 4 tranches ensemble en forme de filet de poisson et répétez avec les tranches restantes. Placez les filets de poisson directement sur les tranches de citron et faites griller avec le couvercle fermé. (Si vous faites griller sur la cuisinière, couvrez avec un grand couvercle ou du papier d'aluminium.) Retournez le poisson à mi-cuisson uniquement si les filets ont plus de ½ pouce d'épaisseur. Il est cuit lorsqu'il commence à se défaire lorsqu'on le presse légèrement avec une fourchette.

Nutrition (pour 100 g) : 147 calories 5 g de matières grasses 1 g de glucides 22 g de protéines 917 mg de sodium

Dîner de poisson poêlé en semaine

Temps de préparation : 10 minutes
Temps de cuisson: 10 minutes
Portions : 4
Niveau de difficulté : moyen

Ingrédients:

- Spray de cuisson antiadhésif
- 2 cuillères à soupe d'huile d'olive extra vierge
- 1 cuillère à soupe de vinaigre balsamique
- 4 (4 onces) filets de poisson (½ pouce d'épaisseur)
- 2½ tasses de haricots verts
- 1 pinte de tomates cerises ou tomates cerises

Directions:

Préchauffer le four à 400 ° F. Badigeonner deux grandes plaques à pâtisserie à rebords d'enduit à cuisson antiadhésif. Dans un petit bol, mélanger l'huile et le vinaigre. Mettre à part. Placer deux morceaux de poisson sur chaque plaque à pâtisserie.

Dans un grand bol, mélanger les haricots et les tomates. Versez l'huile et le vinaigre et mélangez doucement pour bien enrober. Versez la moitié du mélange de haricots verts sur le poisson sur une plaque à pâtisserie et l'autre moitié sur le poisson sur l'autre. Retournez le poisson et frottez-le dans le mélange d'huile pour l'enrober. Disposez les légumes uniformément sur les plaques à pâtisserie afin que l'air chaud puisse circuler autour d'eux.

Cuire jusqu'à ce que le poisson soit juste opaque. Il est cuit lorsqu'il commence à se séparer en morceaux lorsqu'on le pique doucement avec une fourchette.

Nutrition (pour 100 g) : 193 calories 8 g de matières grasses 3 g de glucides 23 g de protéines 811 mg de sodium

Bâtonnets de poisson croustillants à la polenta

Temps de préparation : 10 minutes
Temps de cuisson: 15 minutes
Portions : 4
Niveau de difficulté : difficile

Ingrédients:

- 2 gros œufs, légèrement battus
- 1 cuillère à soupe de lait 2%
- 1 livre de filets de poisson pelés, coupés en 20 lanières (1 pouce de large)
- ½ tasse de semoule de maïs jaune
- ½ tasse de chapelure panko complète
- ¼ cuillère à café de paprika fumé
- ¼ cuillère à café de sel casher ou marin
- ¼ cuillère à café de poivre noir fraîchement moulu
- Spray de cuisson antiadhésif

Directions:

Placez une grande plaque à pâtisserie à rebords au four. Préchauffer le four à 400 °F avec une plaque à pâtisserie dedans. Dans un grand bol, mélanger les œufs et le lait. À l'aide d'une fourchette, ajoutez les lanières de poisson au mélange d'œufs et mélangez délicatement pour bien enrober.

Placez la semoule de maïs, la chapelure, le paprika fumé, le sel et le poivre dans un sac en plastique zippé d'un litre. À l'aide d'une fourchette ou d'une pince, transférez le poisson dans le sac, en laissant l'excédent d'œuf s'égoutter dans le bol avant de le transférer. Bien sceller et secouer doucement pour enrober complètement chaque bâtonnet de poisson.

À l'aide de gants de cuisine, retirez délicatement la plaque à pâtisserie chaude du four et vaporisez-la d'un enduit à cuisson antiadhésif. À l'aide d'une fourchette ou d'une pince, retirez les bâtonnets de poisson du sac et disposez-les sur la plaque à pâtisserie chaude en laissant un espace entre eux pour que l'air chaud puisse circuler et les rendre croustillants. Cuire pendant 5 à 8 minutes, jusqu'à ce qu'une légère pression avec une fourchette fasse s'écailler le poisson et servir.

Nutrition (pour 100 g) : 256 calories 6 g de matières grasses 2 g de glucides 29 g de protéines 667 mg de sodium

Saumon poêlé

Temps de préparation : 15 minutes
Temps de cuisson: 15 minutes
Portions : 4
Niveau de difficulté : moyen

Ingrédients:

- 1 cuillère à soupe d'huile d'olive extra vierge
- 2 gousses d'ail émincées
- 1 cuillère à café de paprika fumé
- 1 litre de raisins ou de tomates cerises, coupés en quartiers
- 1 pot (12 onces) de poivrons rouges rôtis
- 1 cuillère à soupe d'eau
- ¼ cuillère à café de poivre noir fraîchement moulu
- ¼ cuillère à café de sel casher ou marin
- 1 livre de filets de saumon, sans peau, coupés en 8 morceaux
- 1 cuillère à soupe de jus de citron fraîchement pressé (à partir d'un ½ citron moyen)

Directions:

À feu moyen, faites cuire l'huile dans une poêle. Incorporer l'ail et le paprika fumé et cuire 1 minute en remuant fréquemment. Incorporer les tomates, les poivrons rôtis, l'eau, le poivre noir et le sel. Réglez le feu à moyen-vif, laissez mijoter et laissez cuire 3 minutes et écrasez les tomates jusqu'à la fin de la cuisson.

Placez le saumon dans la poêle et versez un peu de sauce dessus. Couvrir et cuire 10 à 12 minutes (145°F à l'aide d'un thermomètre à viande) et commencer à se désagréger.

Retirez la casserole du feu et arrosez le poisson de jus de citron. Mélangez la sauce, puis coupez le saumon en morceaux. Servir.

Nutrition (pour 100 g) : 289 calories 13 g de matières grasses 2 g de glucides 31 g de protéines 581 mg de sodium

Burgers de thon et courgettes de Toscane

Temps de préparation : 10 minutes

Temps de cuisson: 30 minutes

Portions : 4

Niveau de difficulté : moyen

Ingrédients:

- 3 tranches de pain de mie complet, grillées
- 2 boîtes (5 onces) de thon à l'huile d'olive
- 1 tasse de courgettes hachées
- 1 gros œuf, légèrement battu
- ¼ tasse de poivron rouge coupé en dés
- 1 cuillère à soupe d'origan séché
- 1 cuillère à café de zeste de citron
- ¼ cuillère à café de poivre noir fraîchement moulu
- ¼ cuillère à café de sel casher ou marin
- 1 cuillère à soupe d'huile d'olive extra vierge
- Salade ou 4 petits pains complets, pour servir (facultatif)

Directions:

Émiettez le pain grillé dans la chapelure à l'aide de vos doigts (ou utilisez un couteau pour le couper en cubes de ¼ de pouce) jusqu'à ce que vous ayez 1 tasse de chapelure lâche. Versez les miettes dans un grand bol. Ajoutez le thon, les courgettes, l'œuf, le poivron, l'origan, le zeste de citron, le poivre noir et le sel. Bien mélanger avec une fourchette. Divisez le mélange en quatre boulettes de viande (de la taille d'une demi-tasse). Placer sur une assiette et presser chaque galette jusqu'à ce qu'elle soit à peu près épaisse. De pouce.

À feu moyen-vif, cuire l'huile dans une poêle. Ajoutez les boulettes de viande à l'huile chaude, puis réduisez le feu à moyen. Faites cuire les boulettes de viande 5 minutes, retournez-les avec une spatule et laissez cuire encore 5 minutes. Dégustez tel quel ou servez sur une salade ou des petits pains complets.

Nutrition (pour 100 g) : 191 calories 10 g de matières grasses 2 g de glucides 15 g de protéines 661 mg de sodium

Bol sicilien de chou noir et thon

Temps de préparation : 15 minutes

Temps de cuisson: 15 minutes

Portions : 6

Niveau de difficulté : moyen

Ingrédients:

- 1 lb de chou frisé
- 3 cuillères à soupe d'huile d'olive extra vierge
- 1 tasse d'oignon haché
- 3 gousses d'ail, émincées
- 1 boîte (2,25 onces) d'olives tranchées, égouttées
- ¼ tasse de câpres
- ¼ cuillère à café de poivron rouge
- 2 cuillères à café de sucre
- 2 boîtes (6 onces) de thon à l'huile d'olive
- 1 boîte (15 onces) de haricots cannellini
- ¼ cuillère à café de poivre noir moulu
- ¼ cuillère à café de sel casher ou marin

Directions:

Faire bouillir les trois quarts d'eau dans une casserole. Incorporer le chou et cuire 2 minutes. Filtrez le chou noir dans une passoire et réservez.

Remettez la casserole vide sur le feu à feu moyen et ajoutez l'huile. Ajouter l'oignon et cuire 4 minutes en remuant constamment. Placer l'ail et cuire 1 minute. Ajouter les olives, les câpres et le piment haché et cuire 1 minute. Enfin, ajoutez le chou frisé partiellement cuit et le sucre, remuez jusqu'à ce que le chou frisé soit complètement enrobé d'huile. Fermez la poêle et laissez cuire 8 minutes.

Retirez le chou du feu, ajoutez le thon, les haricots, le poivre et le sel et servez.

Nutrition (pour 100 g) : 265 calories 12 g de matières grasses 7 g de glucides 16 g de protéines 715 mg de sodium

Ragoût de morue à la méditerranéenne

Temps de préparation : 10 minutes

Temps de cuisson: 20 minutes

Portions : 6

Niveau de difficulté : moyen

Ingrédients:

- 2 cuillères à soupe d'huile d'olive extra vierge
- 2 tasses d'oignon haché
- 2 gousses d'ail, hachées
- ¾ cuillère à café de paprika fumé
- 1 boîte (14,5 onces) de tomates en dés, non égouttées
- 1 pot (12 onces) de poivrons rouges rôtis
- 1 tasse d'olives tranchées, vertes ou noires
- 1/3 tasse de vin rouge sec
- ¼ cuillère à café de poivre noir fraîchement moulu
- ¼ cuillère à café de sel casher ou marin
- 1 ½ livre de filets de morue, coupés en morceaux de 1 pouce
- 3 tasses de champignons tranchés

Directions:

Faites cuire l'huile dans une poêle. Ajouter l'oignon et cuire 4 minutes en remuant de temps en temps. Incorporer l'ail et le paprika fumé et cuire 1 minute en remuant fréquemment.

Mélangez les tomates avec leur jus, les poivrons rôtis, les olives, le vin, le poivre et le sel et réglez le feu à moyen-vif. Porter à ébullition. Ajouter la morue et les champignons et réduire le feu à moyen.

Cuire environ 10 minutes, en remuant de temps en temps, jusqu'à ce que la morue soit cuite et se défasse facilement, puis servir.

Nutrition (pour 100 g) : 220 calories 8 g de matières grasses 3 g de glucides 28 g de protéines 583 mg de sodium

Moules vapeur sauce au vin blanc

Temps de préparation : 5 minutes

Temps de cuisson: 10 minutes

Portions : 4

Niveau de difficulté : difficile

Ingrédients:

- 2 livres de petites moules
- 1 cuillère à soupe d'huile d'olive extra vierge
- 1 tasse d'oignon rouge émincé
- 3 gousses d'ail, tranchées
- 1 tasse de vin blanc sec
- 2 tranches de citron (¼ de pouce d'épaisseur)
- ¼ cuillère à café de poivre noir fraîchement moulu
- ¼ cuillère à café de sel casher ou marin
- Quartiers de citron frais, pour servir (facultatif)

Directions:

Dans une grande passoire placée dans l'évier, faites couler de l'eau froide sur les moules (mais ne laissez pas les moules reposer dans l'eau stagnante). Toutes les coquilles doivent être bien fermées ; jetez toutes les coquilles légèrement ouvertes ou fissurées. Laissez les moules dans la passoire jusqu'à ce que vous soyez prêt à les utiliser.

Dans une grande poêle, faites cuire l'huile. Ajouter l'oignon et cuire 4 minutes en remuant de temps en temps. Ajouter l'ail et cuire 1 minute en remuant constamment. Ajoutez le vin, les tranches de citron, le poivre et le sel et portez à ébullition. Cuire 2 minutes.

Ajoutez les moules et couvrez. Cuire jusqu'à ce que les moules ouvrent leur coquille. Secouez doucement la poêle deux ou trois fois pendant la cuisson.

Toutes les coquilles devraient maintenant être ouvertes. À l'aide d'une écumoire, jetez les moules pendant qu'elles sont encore fermées. Placez les moules ouvertes dans un bol de service peu profond et versez le bouillon dessus. Servir avec des tranches de citron frais supplémentaires, si désiré.

Nutrition (pour 100 g) : 222 calories 7 g de matières grasses 1 g de glucides 18 g de protéines 708 mg de sodium

Crevettes à l'orange et à l'ail

Temps de préparation : 20 minutes

Temps de cuisson: 10 minutes

Portions : 6

Niveau de difficulté : difficile

Ingrédients:

- 1 grosse orange
- 3 cuillères à soupe d'huile d'olive extra vierge, divisées
- 1 cuillère à soupe de romarin frais haché
- 1 cuillère à soupe de thym frais haché
- 3 gousses d'ail, hachées (environ 1 1/2 cuillères à café)
- ¼ cuillère à café de poivre noir fraîchement moulu
- ¼ cuillère à café de sel casher ou marin
- 1 ½ livre de crevettes crues fraîches, coquilles et queues retirées

Directions:

Zester l'orange entière avec une râpe à agrumes. Mélangez le zeste d'orange et 2 cuillères à soupe d'huile avec le romarin, le thym, l'ail, le poivre et le sel. Incorporez les crevettes, fermez le sac et massez doucement les crevettes jusqu'à ce que tous les ingrédients soient combinés et que les crevettes soient complètement enrobées d'assaisonnements. Mettre à part.

Faites chauffer un gril, une poêle à griller ou une grande poêle à feu moyen. Badigeonner ou incorporer 1 cuillère à soupe d'huile restante. Ajouter la moitié des crevettes et cuire pendant 4 à 6 minutes, ou jusqu'à ce que les crevettes deviennent roses et blanches, en les retournant à mi-cuisson si elles sont sur le gril ou en remuant toutes les minutes si elles sont dans une poêle. Livrez les crevettes dans un grand bol de service. Répétez et placez-les dans le bol.

Pendant que les crevettes cuisent, épluchez l'orange et coupez la pulpe en petits morceaux. Placer dans un bol de service et garnir de crevettes cuites. Servir immédiatement ou réfrigérer et servir froid.

Nutrition (pour 100 g) : 190 calories 8 g de matières grasses 1 g de glucides 24 g de protéines 647 mg de sodium

Gnocchis aux crevettes rôties au four

Temps de préparation : 10 minutes

Temps de cuisson: 20 minutes

Portions : 4

Niveau de difficulté : moyen

Ingrédients:

- 1 tasse de tomates fraîches hachées
- 2 cuillères à soupe d'huile d'olive extra vierge
- 2 gousses d'ail, hachées
- ½ cuillère à café de poivre noir fraîchement moulu
- ¼ cuillère à café de poivron rouge haché
- 1 pot (12 onces) de poivrons rouges rôtis
- 1 livre de crevettes crues fraîches, coquilles et queues retirées
- 1 livre de dumplings surgelés (non décongelés)
- ½ tasse de fromage feta en cubes
- 1/3 tasse de feuilles de basilic frais déchirées

Directions:

Préchauffer le four à 425 ° F. Dans un plat allant au four, mélanger les tomates, l'huile, l'ail, le poivre noir et le poivron rouge broyé. Cuire au four pendant 10 minutes.

Incorporer les poivrons rôtis et les crevettes. Cuire encore 10 minutes, jusqu'à ce que les crevettes deviennent roses et blanches.

Pendant la cuisson des crevettes, faites cuire les gnocchis sur la cuisinière selon les instructions sur l'emballage. Égoutter dans une passoire et réserver au chaud. Sortez le plat du four. Mélangez les gnocchis cuits, la feta et le basilic et servez.

Nutrition (pour 100 g) : 277 calories 7 g de matières grasses 1 g de glucides 20 g de protéines 711 mg de sodium

Puttanesca de crevettes épicée

Temps de préparation : 5 minutes
Temps de cuisson: 15 minutes
Portions : 4
Niveau de difficulté : moyen

Ingrédients:

- 2 cuillères à soupe d'huile d'olive extra vierge
- 3 filets d'anchois égouttés et hachés
- 3 gousses d'ail, émincées
- ½ cuillère à café de poivron rouge haché
- 1 boîte (14,5 onces) de tomates en dés à faible teneur en sodium ou sans sel ajouté, non égouttées
- 1 boîte (2,25 onces) d'olives noires
- 2 cuillères à soupe de câpres
- 1 cuillère à soupe d'origan frais haché
- 1 livre de crevettes crues fraîches, coquilles et queues retirées

Directions:

À feu moyen, faites cuire l'huile. Mélangez les anchois, l'ail et le piment haché. Cuire 3 minutes en remuant souvent et en écrasant les anchois avec une cuillère en bois, jusqu'à ce qu'ils soient dissous dans l'huile.

Incorporer les tomates avec leur jus, les olives, les câpres et l'origan. Augmenter le feu à moyen-vif et porter à ébullition.

Lorsque la sauce bout légèrement, incorporez les crevettes. Réglez le feu à moyen et faites cuire les crevettes jusqu'à ce qu'elles soient roses et blanches, puis servez.

Nutrition (pour 100 g) : 214 calories 10 g de matières grasses 2 g de glucides 26 g de protéines 591 mg de sodium

Sandwichs au thon italiens

Temps de préparation : 10 minutes

Temps de cuisson: 0 minutes

Portions : 4

Niveau de difficulté : facile

Ingrédients:

- 3 cuillères à soupe de jus de citron fraîchement pressé
- 2 cuillères à soupe d'huile d'olive extra vierge
- 1 gousse d'ail, hachée
- ½ cuillère à café de poivre noir fraîchement moulu
- 2 boîtes (5 onces) de thon, égoutté
- 1 boîte (2,25 onces) d'olives tranchées
- ½ tasse de fenouil frais haché, frondes comprises
- 8 tranches de pain croustillant complet

Directions:

Mélangez le jus de citron, l'huile, l'ail et le poivre. Ajoutez le thon, les olives et le fenouil. À l'aide d'une fourchette, séparez le thon en morceaux et mélangez tous les ingrédients.

Répartissez la salade de thon à parts égales sur 4 tranches de pain. Couvrir chacun avec les tranches de pain restantes. Laissez les petits pains reposer pendant au moins 5 minutes afin que la garniture épicée puisse être absorbée par le pain avant de servir.

Nutrition (pour 100 g) : 347 calories 17 g de matières grasses 5 g de glucides 25 g de protéines 447 mg de sodium

Wrap à la salade de saumon et d'aneth

Temps de préparation : 10 minutes

Temps de cuisson: 10 minutes

Portions : 6

Niveau de difficulté : facile

Ingrédients:

- 1 livre de filet de saumon, cuit et émietté
- ½ tasse de carottes en dés
- ½ tasse de céleri coupé en dés
- 3 cuillères à soupe d'aneth frais haché
- 3 cuillères à soupe d'oignon rouge coupé en dés
- 2 cuillères à soupe de câpres
- 1 cuillère à soupe et demie d'huile d'olive extra vierge
- 1 cuillère à soupe de vinaigre balsamique vieilli
- ½ cuillère à café de poivre noir fraîchement moulu
- ¼ cuillère à café de sel casher ou marin
- 4 wraps complets ou tortillas complètes moelleuses

Directions:

Mélanger le saumon, les carottes, le céleri, l'aneth, l'oignon rouge, les câpres, l'huile, le vinaigre, le poivre et le sel. Répartissez la salade de saumon entre les focaccias. Pliez le bas de la piadina, puis roulez-la et servez.

Nutrition (pour 100 g) : 336 calories 16 g de matières grasses 5 g de glucides 32 g de protéines 884 mg de sodium

Gâteau aux palourdes blanches

Temps de préparation : 10 minutes
Temps de cuisson: 20 minutes
Portions : 4
Niveau de difficulté : difficile

Ingrédients:

- 1 livre de pâte à pizza fraîche réfrigérée
- Spray de cuisson antiadhésif
- 2 cuillères à soupe d'huile d'olive extra vierge, divisée
- 2 gousses d'ail hachées (environ 1 cuillère à café)
- ½ cuillère à café de poivron rouge haché
- 1 boîte (10 onces) de palourdes entières, égouttées
- ¼ tasse de vin blanc sec
- Farine tout usage, pour saupoudrer
- 1 tasse de mozzarella coupée en dés
- 1 cuillère à soupe de pecorino romano ou de parmesan râpé
- 1 cuillère à soupe de persil plat (italien) frais haché

Directions:

Préchauffer le four à 500 ° F. Badigeonner une grande plaque à pâtisserie à rebords d'enduit à cuisson antiadhésif.

Dans une grande poêle, faites cuire 1 1/2 cuillères à soupe d'huile. Ajouter l'ail et le piment haché et cuire 1 minute en remuant souvent pour éviter que l'ail ne brûle. Ajouter le jus de palourdes réservé et le vin. Porter à ébullition à feu vif. Réduire à feu moyen pour que la sauce mijote et cuire 10 minutes en remuant de temps en temps. La sauce va cuire et épaissir.

Ajouter les palourdes et cuire 3 minutes en remuant de temps en temps. Pendant la cuisson de la sauce, sur une surface légèrement farinée, formez un cercle de 12 pouces ou un rectangle de 10 x 12 pouces avec un rouleau à pâtisserie ou en l'étirant avec vos mains. Placer la pâte sur la plaque à pâtisserie préparée. Badigeonner la pâte avec la ½ cuillère à soupe d'huile restante. Réserver jusqu'à ce que la sauce aux palourdes soit prête.

Étalez la sauce aux palourdes sur la pâte préparée jusqu'à ½ pouce du bord. Garnir de mozzarella, puis saupoudrer de pecorino romano.

Cuire au four 10 minutes. Sortez la pizza du four et placez-la sur une planche à découper en bois. Garnir de persil, coupé en huit morceaux avec un coupe-pizza ou un couteau bien aiguisé et servir.

Nutrition (pour 100 g) : 541 calories 21 g de matières grasses 1 g de glucides 32 g de protéines 688 mg de sodium

Farine de poisson aux fèves au lard

Temps de préparation : 10 minutes

Temps de cuisson: 10 minutes

Portions : 4

Niveau de difficulté : facile

Ingrédients:

- 1 cuillère à soupe de vinaigre balsamique
- 2 ½ tasses de haricots verts
- 1 pinte de tomates cerises ou tomates cerises
- 4 filets de poisson (4 onces chacun), comme la morue ou le tilapia
- 2 cuillères à soupe d'huile d'olive

Directions:

Préchauffer le four à 400 degrés. Graisser deux plaques à pâtisserie avec un peu d'huile d'olive ou un spray d'huile d'olive. Disposez 2 filets de poisson sur chaque feuille. Versez l'huile d'olive et le vinaigre dans un bol. Mélanger pour bien mélanger.

Incorporer les haricots verts et les tomates. Mélanger pour bien mélanger. Mélangez bien les deux mélanges entre eux. Ajoutez le mélange uniformément sur les filets de poisson. Cuire 6 à 8 minutes, jusqu'à ce que le poisson soit opaque et facile à émietter. Servir chaud.

Nutrition (pour 100 g) : 229 calories 13 g de matières grasses 8 g de glucides 2,5 g de protéines 559 mg de sodium

Ragoût de morue aux champignons

Temps de préparation : 10 minutes

Temps de cuisson: 20 minutes

Portions : 6

Niveau de difficulté : facile

Ingrédients:

- 2 cuillères à soupe d'huile d'olive extra vierge
- 2 gousses d'ail, hachées
- 1 boîte de tomate
- 2 tasses d'oignon haché
- ¾ cuillère à café de paprika fumé
- un pot de 12 onces de poivrons rouges rôtis
- 1/3 tasse de vin rouge sec
- ¼ cuillère à café de sel casher ou marin
- ¼ cuillère à café de poivre noir
- 1 tasse d'olives noires
- 1 ½ livre de filets de morue, coupés en morceaux de 1 pouce
- 3 tasses de champignons tranchés

Directions:

Prenez une casserole de taille moyenne, faites chauffer l'huile à feu moyen. Ajoutez les oignons et faites cuire dans la poêle pendant 4 minutes. Ajouter l'ail et le paprika fumé; cuire 1 minute en remuant souvent. Ajouter les tomates avec le jus, les poivrons rôtis, les olives, le vin, le poivre et le sel ; mélanger délicatement. Faire bouillir le mélange. Ajouter la morue et les champignons; baisser le feu à moyen. Fermer et cuire jusqu'à ce que la morue s'écaille facilement, en remuant entre les deux. Servir chaud.

Nutrition (pour 100 g) : 238 calories 7 g de matières grasses 15 g de glucides 3,5 g de protéines 772 mg de sodium

Espadon épicé

Temps de préparation : 10 minutes

Temps de cuisson: 15 minutes

Portions : 4

Niveau de difficulté : moyen

Ingrédients:

- 4 steaks d'espadon (7 onces chacun)
- 1/2 cuillère à café de poivre noir moulu
- 12 gousses d'ail pelées
- 3/4 cuillère à café de sel
- 1 1/2 cuillères à café de cumin moulu
- 1 cuillère à café de paprika
- 1 cuillère à café de coriandre
- 3 cuillères à soupe de jus de citron
- 1/3 tasse d'huile d'olive

Directions:

Prenez un mixeur ou un robot culinaire, ouvrez le couvercle et ajoutez tous les ingrédients sauf l'espadon. Fermez le couvercle et mixez pour obtenir un mélange lisse. Assécher les steaks de poisson; enrober uniformément du mélange d'épices préparé.

Ajoutez-les sur du papier aluminium, couvrez et réfrigérez pendant 1 heure. Préchauffer une poêle à feu vif, verser l'huile et faire chauffer. Ajouter les darnes de poisson; Cuire dans la poêle pendant 5 à 6 minutes de chaque côté jusqu'à ce qu'il soit bien cuit et uniformément doré. Servir chaud.

Nutrition (pour 100 g) : 255 calories 12 g de matières grasses 4 g de glucides 0,5 g de protéines 990 mg de sodium

Manie de pâtes aux anchois

Temps de préparation : 10 minutes
Temps de cuisson: 20 minutes
Portions : 4
Niveau de difficulté : facile

Ingrédients:

- 4 filets d'anchois, conditionnés dans l'huile d'olive
- ½ livre de brocoli, coupé en fleurons de 1 pouce
- 2 gousses d'ail, tranchées
- 1 lb de penne complètes
- 2 cuillères à soupe d'huile d'olive
- ¼ tasse de parmesan râpé
- Sel et poivre noir, au goût
- Flocons de piment rouge, au goût

Directions:

Cuire les pâtes comme indiqué sur l'emballage ; égouttez-les et réservez-les. Prenez une casserole ou une poêle moyenne, ajoutez de l'huile. Chauffer à feu moyen. Ajouter les anchois, le brocoli et l'ail et cuire jusqu'à ce que les légumes soient tendres, 4 à 5 minutes. Retirer du feu; mélanger les pâtes. Servir chaud avec du parmesan, des flocons de piment rouge, du sel et du poivre noir saupoudrés sur le dessus.

Nutrition (pour 100 g) :328 calories 8 g de matières grasses 35 g de glucides 7 g de protéines 834 mg de sodium

Pâtes aux crevettes et à l'ail

Temps de préparation : 10 minutes

Temps de cuisson: 15 minutes

Portions : 4

Niveau de difficulté : facile

Ingrédients:

- 1 livre de crevettes, décortiquées et nettoyées
- 3 gousses d'ail, émincées
- 1 oignon, finement haché
- 1 paquet de pâtes complètes ou de haricots au choix
- 4 cuillères à soupe d'huile d'olive
- Sel et poivre noir, au goût
- ¼ tasse de basilic, coupé en lanières
- ¾ tasse de bouillon de poulet, faible en sodium

Directions:

Cuire les pâtes comme indiqué sur l'emballage ; rincer et réserver. Prenez une casserole moyenne, ajoutez l'huile et faites chauffer à feu moyen. Ajouter l'oignon, l'ail et la poêle jusqu'à ce qu'ils soient translucides et parfumés, 3 minutes.

Ajouter les crevettes, le poivre noir (moulu) et le sel; Cuire dans la poêle pendant 3 minutes jusqu'à ce que les crevettes soient opaques. Ajouter le bouillon et laisser mijoter encore 2-3 minutes. Ajouter les pâtes dans les assiettes de service; ajouter le mélange de crevettes dessus; servir chaud avec du basilic dessus.

Nutrition (pour 100 g) : 605 calories 17 g de matières grasses 53 g de glucides 19 g de protéines 723 mg de sodium

Saumon au miel et vinaigre balsamique

Temps de préparation : 10 minutes

Temps de cuisson: Cinq minutes

Portions : 4

Niveau de difficulté : facile

Ingrédients:

- 4 filets de saumon (8 onces)
- 1/2 tasse de vinaigre balsamique
- 1 cuillère à soupe de miel
- Poivre noir et sel, au goût
- 1 cuillère à soupe d'huile d'olive

Directions:

Mélangez le miel et le vinaigre. Mélanger pour bien mélanger.

Assaisonner les filets de poisson avec du poivre noir (moulu) et du sel marin ; badigeonner de glaçage au miel. Prenez une casserole ou une poêle moyenne, ajoutez de l'huile. Chauffer à feu moyen. Ajouter les filets de saumon et les faire revenir jusqu'à ce qu'ils soient mi-saignants au centre et légèrement dorés, 3-4 minutes de chaque côté. Servir chaud.

Nutrition (pour 100 g) : 481 calories 16 g de matières grasses 24 g de glucides 1,5 g de protéines 673 mg de sodium

Farine de poisson à l'orange

Temps de préparation : 10 minutes

Temps de cuisson: Cinq minutes

Portions : 4

Niveau de difficulté : facile

Ingrédients:

- ¼ cuillère à café de sel casher ou marin
- 1 cuillère à soupe d'huile d'olive extra vierge
- 1 cuillère à soupe de jus d'orange
- 4 filets de tilapia (4 onces), avec ou sans peau
- ¼ tasse d'oignon rouge haché
- 1 avocat dénoyauté, pelé et tranché

Directions:

Prenez un plat allant au four de 9 pouces; ajouter l'huile d'olive, le jus d'orange et le sel. Se combine bien. Ajouter les filets de poisson et bien les enrober. Ajoutez les oignons aux filets de poisson. Couvrir d'un film alimentaire. Cuire au micro-ondes pendant 3 minutes jusqu'à ce que le poisson soit bien cuit et facile à émietter. Servir chaud avec des tranches d'avocat dessus.

Nutrition (pour 100 g) : 231 calories 9 g de matières grasses 8 g de glucides 2,5 g de protéines 536 mg de protéines

Zoodles aux crevettes

Temps de préparation : 10 minutes

Temps de cuisson: Cinq minutes

Portions : 2

Niveau de difficulté : facile

Ingrédients:

- 2 cuillères à soupe de persil haché
- 2 cuillères à café d'ail émincé
- 1 cuillère à café de sel
- ½ cuillère à café de poivre noir
- 2 courgettes moyennes, spiralées
- 3/4 livre de crevettes moyennes, décortiquées et décortiquées
- 1 cuillère à soupe d'huile d'olive
- 1 citron, pressé et râpé

Directions:

Prenez une casserole ou une poêle moyenne, ajoutez l'huile, le jus de citron et le zeste de citron. Chauffer à feu moyen. Ajouter les crevettes et cuire à la poêle 1 minute de chaque côté. Faire revenir l'ail et les flocons de piment pendant 1 minute supplémentaire. Ajoutez les Zoodles et mélangez délicatement; cuire pendant 3 minutes jusqu'à ce que la cuisson soit satisfaisante. Bien assaisonner, servir chaud avec du persil dessus.

Nutrition (pour 100 g) : 329 calories 12 g de matières grasses 11 g de glucides 3 g de protéines 734 mg de sodium

Truite aux Asperges

Temps de préparation : 10 minutes

Temps de cuisson: 20 minutes

Portions : 4

Niveau de difficulté : facile

Ingrédients:

- 2 livres de filets de truite
- 1 livre d'asperges
- Sel et poivre blanc moulu, au goût
- 1 cuillère à soupe d'huile d'olive
- 1 gousse d'ail, hachée finement
- 1 échalote tranchée finement (parties vertes et blanches)
- 4 pommes de terre moyennement dorées, coupées en fines tranches
- 2 tomates Roma, hachées
- 8 olives Kalamata dénoyautées, hachées
- 1 grosse carotte, tranchée finement
- 2 cuillères à soupe de persil séché
- ¼ tasse de cumin moulu
- 2 cuillères à soupe de paprika
- 1 cuillère à soupe d'assaisonnement pour bouillon de légumes
- ½ verre de vin blanc sec

Directions:

Dans un bol, ajoutez les filets de poisson, le poivre blanc et le sel. Mélanger pour bien mélanger. Prenez une casserole ou une poêle moyenne, ajoutez de l'huile. Chauffer à feu moyen. Ajouter les asperges, les pommes de terre, l'ail, la partie blanche de l'échalote et cuire à la poêle jusqu'à ce qu'ils soient tendres pendant 4 à 5 minutes. Ajouter les tomates, les carottes et les olives; Cuire dans une poêle pendant 6 à 7 minutes jusqu'à tendreté. Ajouter le cumin, le paprika, le persil, le bouillon et le sel. Remuez bien le mélange.

Mélangez le vin blanc et les filets de poisson. À feu doux, couvrir et laisser mijoter environ 6 minutes jusqu'à ce que le poisson s'émiette facilement, en remuant entre les deux. Servir chaud avec des oignons verts dessus.

Nutrition (pour 100 g) : 303 calories 17 g de matières grasses 37 g de glucides 6 g de protéines 722 mg de sodium

Chou frisé, thon aux olives

Temps de préparation : 10 minutes
Temps de cuisson: 15 minutes
Portions : 6
Niveau de difficulté : moyen

Ingrédients:

- 1 tasse d'oignon haché
- 3 gousses d'ail, émincées
- 1 boîte (2,25 onces) d'olives tranchées, égouttées
- 1 livre de chou frisé, haché
- 3 cuillères à soupe d'huile d'olive extra vierge
- ¼ tasse de câpres
- ¼ cuillère à café de poivron rouge haché
- 2 cuillères à café de sucre
- 1 boîte (15 onces) de haricots cannellini
- 2 boîtes (6 onces) de thon à l'huile d'olive, non égoutté
- ¼ cuillère à café de poivre noir
- ¼ cuillère à café de sel casher ou marin

Directions:

Plongez le chou frisé dans l'eau bouillante pendant 2 minutes; égouttez-les et réservez-les. Prenez une marmite ou une marmite de taille moyenne, faites chauffer l'huile à feu moyen. Ajouter l'oignon et cuire dans la poêle jusqu'à ce qu'il soit translucide et ramolli. Ajouter l'ail et cuire dans la poêle jusqu'à ce qu'il soit parfumé, 1 minute.

Ajouter les olives, les câpres et le piment et cuire à la poêle pendant 1 minute. Mélangez le chou frisé et le sucre. À feu doux, couvrez et laissez mijoter le mélange pendant environ 8 à 10 minutes, en remuant entre les deux. Ajoutez le thon, les haricots, le poivre et le sel. Bien mélanger et servir chaud.

Nutrition (pour 100 g) : 242 calories 11 g de matières grasses 24 g de glucides 7 g de protéines 682 mg de sodium

Crevettes épicées au romarin

Temps de préparation : 10 minutes

Temps de cuisson: 10 minutes

Portions : 6

Niveau de difficulté : facile

Ingrédients:

- 1 grosse orange, râpée et pelée
- 3 gousses d'ail, émincées
- 1 ½ livre de crevettes crues, coquilles et queues enlevées
- 3 cuillères à soupe d'huile d'olive
- 1 cuillère à soupe de thym haché
- 1 cuillère à soupe de romarin haché
- ¼ cuillère à café de poivre noir
- ¼ cuillère à café de sel casher ou marin

Directions:

Prenez un sac en plastique zippé, ajoutez le zeste d'orange, les crevettes, 2 cuillères à soupe d'huile d'olive, l'ail, le thym, le romarin, le sel et le poivre noir. Bien agiter et laisser mariner 5 minutes.

Prenez une casserole ou une poêle moyenne, ajoutez 1 cuillère à soupe d'huile d'olive. Chauffer à feu moyen. Ajouter les crevettes et les faire revenir 2-3 minutes de chaque côté jusqu'à ce qu'elles soient complètement roses et opaques. Coupez l'orange en gros quartiers et ajoutez-la dans un plat de service. Ajouter les crevettes et bien mélanger. Servir frais.

Nutrition (pour 100 g) : 187 calories 7 g de matières grasses 6 g de glucides 0,5 g de protéines 673 mg de sodium

Saumon aux asperges

Temps de préparation : 10 minutes

Temps de cuisson: 15 minutes

Portions : 2

Niveau de difficulté : facile

Ingrédients:

- 8,8 onces de bottes d'asperges
- 2 petits filets de saumon
- 1 ½ cuillères à café de sel
- 1 cuillère à café de poivre noir
- 1 cuillère à soupe d'huile d'olive
- 1 tasse de sauce hollandaise, faible en glucides

Directions:

Assaisonnez bien les filets de saumon. Prenez une casserole ou une poêle moyenne, ajoutez de l'huile. Chauffer à feu moyen.

Ajouter les filets de saumon et cuire dans la poêle jusqu'à ce qu'ils soient saisis et bien cuits, 4 à 5 minutes de chaque côté. Ajoutez les asperges, mélangez et laissez cuire encore 4 à 5 minutes. Servir chaud avec de la sauce hollandaise dessus.

Nutrition (pour 100 g) : 565 calories 7 g de matières grasses 8 g de glucides 2,5 g de protéines 559 mg de sodium

Salade de thon et noisettes

Temps de préparation : 10 minutes

Temps de cuisson: 0 minutes

Portions : 4

Niveau de difficulté : facile

Ingrédients:

- 1 cuillère à soupe d'estragon haché
- 1 branche de céleri, pelée et coupée en dés
- 1 échalote moyenne, coupée en dés
- 3 cuillères à soupe de ciboulette hachée
- 1 boîte (5 onces) de thon (recouvert d'huile d'olive) égoutté et émietté
- 1 cuillère à café de moutarde de Dijon
- 2-3 cuillères à soupe de mayonnaise
- 1/4 cuillère à café de sel
- 1/8 cuillère à café de poivre
- 1/4 tasse de pignons de pin, grillés

Directions:

Dans un grand saladier, ajoutez le thon, les échalotes, la ciboulette, l'estragon et le céleri. Mélanger pour bien mélanger. Dans un bol, ajoutez la mayonnaise, la moutarde, le sel et le poivre noir. Mélanger pour bien mélanger. Ajouter le mélange de mayonnaise au bol à salade; bien mélanger pour combiner. Ajoutez les pignons de pin et mélangez à nouveau. Servir frais.

Nutrition (pour 100 g) : 236 calories 14 g de matières grasses 4 g de glucides 1 g de protéines 593 mg de sodium

Soupe crémeuse aux crevettes

Temps de préparation : 10 minutes

Temps de cuisson: 35 minutes

Portions : 6

Niveau de difficulté : moyen

Ingrédients:

- 1 livre de crevettes moyennes, décortiquées et décortiquées
- 1 poireau, blanc ou vert clair, tranché
- 1 fenouil moyen, haché
- 2 cuillères à soupe d'huile d'olive
- 3 branches de céleri, hachées
- 1 gousse d'ail, hachée
- Sel de mer et poivre moulu au goût
- 4 tasses de bouillon de légumes ou de poulet
- 1 cuillère à soupe de graines de fenouil
- 2 cuillères à soupe de crème légère
- Jus de 1 citron

Directions:

Prenez une casserole de taille moyenne ou un faitout, faites chauffer l'huile à feu moyen. Ajouter le céleri, le poireau et le fenouil et cuire à la poêle environ 15 minutes, jusqu'à ce que les légumes soient ramollis et dorés. Ajouter l'ail; assaisonner avec du poivre noir et du sel marin au goût. Ajoutez les graines de fenouil et mélangez.

Versez le bouillon et portez à ébullition. A feu doux, laissez mijoter le mélange pendant environ 20 minutes en remuant entre elles. Ajouter les crevettes et cuire jusqu'à ce qu'elles soient roses, 3 minutes. Incorporer la crème et le jus de citron ; Servir chaud.

Nutrition (pour 100 g) : 174 calories 5 g de matières grasses 9,5 g de glucides 2 g de protéines 539 mg de sodium

Saumon épicé au quinoa aux légumes

Temps de préparation : 30 minutes

Temps de cuisson: 10 minutes

Portions : 4

Niveau de difficulté : difficile

Ingrédients:

- 1 tasse de quinoa cru
- 1 cuillère à café de sel, divisée en deux
- ¾ tasse de concombres, épépinés, coupés en dés
- 1 tasse de tomates cerises, coupées en deux
- ¼ tasse d'oignon rouge, haché
- 4 feuilles de basilic frais, coupées en fines tranches
- Le zeste d'un citron
- ¼ cuillère à café de poivre noir
- 1 cuillère à café de cumin
- ½ cuillère à café de paprika
- 4 (5 onces) filets de saumon
- 8 quartiers de citron
- ¼ tasse de persil frais haché

Directions:

Dans une casserole moyenne, ajoutez le quinoa, 2 tasses d'eau et ½ cuillère à café de sel. Faites-les chauffer jusqu'à ce que l'eau bout, puis baissez la température jusqu'à ébullition. Couvrez la poêle et laissez cuire 20 minutes ou jusqu'à ce que le paquet de quinoa le demande. Éteignez le feu sous le quinoa et laissez-le reposer à couvert pendant au moins 5 minutes supplémentaires avant de servir.

Juste avant de servir, ajoutez l'oignon, les tomates, les concombres, les feuilles de basilic et le zeste de citron au quinoa et mélangez délicatement le tout à l'aide d'une cuillère. Pendant ce temps (pendant la cuisson du quinoa) préparez le saumon. Allumez la grille du four en haut et assurez-vous qu'une grille se trouve au fond du four. Dans un petit bol, ajoutez les composants suivants : poivre noir, ½ cuillère à café de sel, cumin et paprika. Mélangez-les ensemble.

Placez du papier d'aluminium sur un plat allant au four en verre ou en aluminium, puis vaporisez-le d'un enduit à cuisson antiadhésif. Placer les filets de saumon sur le papier d'aluminium. Frotter le mélange d'épices sur chaque filet (environ ½ cuillère à café de mélange d'épices par filet). Ajoutez les quartiers de citron sur les bords de la poêle près du saumon.

Faites cuire le saumon sous le grill pendant 8 à 10 minutes. Vous voulez que le saumon se défasse facilement à la fourchette. Saupoudrer le saumon de persil, puis servir avec les quartiers de citron et le persil végétal. Apprécier!

Nutrition (pour 100 g) : 385 calories 12,5 g de matières grasses 32,5 g de glucides 35,5 g de protéines 679 mg de sodium

Truite Moutardée Aux Pommes

Temps de préparation : 15 minutes

Temps de cuisson: 55 minutes

Portions : 2

Niveau de difficulté : difficile

Ingrédients:

- 1 cuillère à soupe d'huile d'olive
- 1 petite échalote hachée
- 2 pommes Lady, coupées en deux
- 4 filets de truite, 3 onces chacun
- 1 1/2 cuillères à soupe de chapelure, régulière et fine
- 1/2 cuillère à café de thym frais et haché
- 1/2 cuillère à soupe de beurre fondu et non salé
- 1/2 tasse de cidre de pomme
- 1 cuillère à café de sucre roux clair
- 1/2 cuillère à soupe de moutarde de Dijon
- 1/2 cuillère à soupe de câpres, rincées
- Sel de mer et poivre noir au goût

Directions:

Préparez le four à 375 degrés, puis sortez un petit bol. Incorporer la chapelure, les échalotes et le thym avant d'assaisonner de sel et de poivre.

Ajouter le beurre et bien mélanger.

Disposez les pommes côté coupé vers le haut dans un plat allant au four, puis saupoudrez de sucre. Garnissez de chapelure puis versez la moitié de votre cidre autour des pommes en recouvrant le plat. Cuire au four pendant une demi-heure.

Découvrir et cuire encore vingt minutes. Les pommes doivent être tendres mais vos miettes doivent être croustillantes. Sortez les pommes du four.

Allumez le gril, puis placez la grille à quatre pouces de distance. Caressez la truite, puis assaisonnez de sel et de poivre. Badigeonnez d'huile une plaque à pâtisserie puis placez la truite côté peau vers le haut. Badigeonnez la peau du reste d'huile et faites griller pendant six minutes. Répétez les pommes sur l'étagère juste en dessous de la truite. Cela empêchera les miettes de brûler et il ne faudra que deux minutes pour les réchauffer.

Prenez une casserole et fouettez ensemble le reste du cidre, des câpres et de la moutarde. Ajoutez plus de cidre si nécessaire pour diluer et laissez cuire cinq minutes à feu moyen-vif. La sauce doit avoir une consistance similaire. Versez la sauce sur le poisson et servez avec une pomme dans chaque assiette.

Nutrition (pour 100 g) : 366 calories 13 g de matières grasses 10 g de glucides 31 g de protéines 559 mg de sodium

Gnocchis aux Crevettes

Temps de préparation : 5 minutes
Temps de cuisson: 15 minutes
Portions : 4
Niveau de difficulté : difficile

Ingrédients:

- 1/2 livre de crevettes, décortiquées et raffinées
- 1/4 tasse d'échalotes, tranchées
- 1/2 cuillère à soupe + 1 cuillère à café d'huile d'olive
- 8 onces de raviolis en étagère
- 1/2 botte d'asperges, coupées en trois
- 3 cuillères à soupe de parmesan
- 1 cuillère à soupe de jus de citron frais
- 1/3 tasse de bouillon de poulet
- Sel de mer et poivre noir au goût

Directions:

Commencez par faire chauffer ½ cuillère à soupe d'huile à feu moyen, puis ajoutez les gnocchis. Cuire en remuant fréquemment jusqu'à ce qu'ils soient dodus et dorés. Cela prendra sept à dix minutes. Placez-les dans un bol.

Faites chauffer la cuillère à café d'huile restante avec les échalotes et faites-les cuire jusqu'à ce qu'elles commencent à dorer. Assurez-vous de remuer, mais cela prendra deux minutes. Remuez le bouillon avant d'ajouter les asperges. Couvrir et cuire trois ou quatre minutes.

Ajouter les crevettes, assaisonner de sel et de poivre. Cuire jusqu'à ce qu'il soit rose et bien cuit, ce qui prendra environ quatre minutes.

Remettez les gnocchis dans la poêle avec le jus de citron et laissez cuire encore deux minutes. Mélangez bien puis retirez du feu.

Saupoudrer de parmesan et laisser reposer deux minutes. Votre fromage devrait fondre. Servir chaud.

Nutrition (pour 100 g) : 342 calories 11 g de matières grasses 9 g de glucides 38 g de protéines 711 mg de sodium

Saganaki aux crevettes

Temps de préparation : 15 minutes

Temps de cuisson: 30 minutes

Portions : 2

Niveau de difficulté : moyen

Ingrédients:

- 1/2 livre de crevettes en coquilles
- 1 petit oignon, haché
- 1/2 verre de vin blanc
- 1 cuillère à soupe de persil frais et haché
- 8 onces de tomates, en conserve et coupées en dés
- 3 cuillères à soupe d'huile d'olive
- 4 onces de fromage feta
- Sel en cubes
- Une pincée de poivre noir
- 14 cuillères à café de poudre d'ail

Directions:

Prenez une casserole, puis versez-y environ deux pouces d'eau et portez-la à ébullition. Faire bouillir cinq minutes, puis égoutter mais réserver le liquide. Réserver les crevettes et le liquide.

Faites ensuite chauffer deux cuillères à soupe d'huile et, une fois chauffée, ajoutez les oignons. Cuire jusqu'à ce que les oignons soient translucides. Mélanger le persil, l'ail, le vin, l'huile d'olive et les tomates. Laisser mijoter pendant une demi-heure et remuer jusqu'à épaississement.

Retirez les pattes des crevettes en enlevant les carapaces, la tête et la queue. Ajoutez les crevettes et le bouillon de crevettes à la sauce une fois qu'elle a épaissi. Portez à ébullition pendant cinq minutes, puis ajoutez la feta. Laisser reposer jusqu'à ce que le fromage commence à fondre, puis servir chaud.

Nutrition (pour 100 g) : 329 calories 14 g de matières grasses 10 g de glucides 31 g de protéines 449 mg de sodium

Saumon méditerranéen

Temps de préparation : 10 minutes

Temps de cuisson: 20 minutes

Portions : 2

Niveau de difficulté : facile

Ingrédients:

- 2 filets de saumon, sans peau et 6 onces chacun
- 1 tasse de tomates cerises
- 1 cuillère à soupe de câpres
- 1/4 tasse de courgettes, finement hachées
- 1/8 cuillère à café de poivre noir
- 1/8 cuillère à café de sel marin, fin
- 1/2 cuillère à soupe d'huile d'olive
- 1,25 once d'olives mûres, tranchées

Directions:

Préparez le four à 425 degrés, puis saupoudrez de sel et de poivre sur le poisson des deux côtés. Placez le poisson en une seule couche sur la plaque à pâtisserie après avoir enduit la plaque à pâtisserie d'un enduit à cuisson.

Ajoutez les tomates et le reste des ingrédients en versant le mélange sur les filets, puis enfournez pour vingt-deux minutes. Servir chaud.

Nutrition (pour 100 g) : 322 calories 10 g de matières grasses 15 g de glucides 31 g de protéines 493 mg de sodium

Linguine aux fruits de mer

Temps de préparation : 10 minutes

Temps de cuisson: 35 minutes

Portions : 2

Niveau de difficulté : difficile

Ingrédients:

- 2 gousses d'ail, hachées
- 4 onces de linguines, complètes
- 1 cuillère à soupe d'huile d'olive
- 14 onces de tomates, en conserve et coupées en dés
- 1/2 cuillère à soupe d'échalote hachée
- 1/4 tasse de vin blanc
- Sel de mer et poivre noir au goût
- 6 palourdes Cherrystone, nettoyées
- 4 onces de tilapia, coupé en lanières de 1 pouce
- 4 onces de pétoncles géants séchés
- 1/8 tasse de parmesan, râpé
- 1/2 cuillère à café de marjolaine, hachée et fraîche

Directions:

Faites bouillir l'eau dans la casserole, puis faites cuire les pâtes jusqu'à ce qu'elles soient tendres, ce qui devrait prendre environ huit minutes. Égouttez puis rincez les pâtes.

Faites chauffer l'huile dans une grande poêle à feu moyen, puis une fois l'huile chaude, ajoutez l'ail et les échalotes. Cuire une minute et remuer souvent.

Augmenter le feu à moyen-vif avant d'ajouter le sel, le vin, le poivre et les tomates et porter à ébullition. Cuire encore une minute.

Ajoutez ensuite les palourdes, couvrez et laissez cuire encore deux minutes.

Ajoutez ensuite la marjolaine, les Saint-Jacques et le poisson. Continuez la cuisson jusqu'à ce que le poisson soit complètement cuit et que les palourdes soient ouvertes, cela prendra jusqu'à cinq minutes, et jetez toutes les palourdes qui ne s'ouvrent pas.

Versez la sauce et vos palourdes sur les pâtes en saupoudrant de parmesan et de marjolaine avant de servir. Servir chaud.

Nutrition (pour 100 g) : 329 calories 12 g de matières grasses 10 g de glucides 33 g de protéines 836 mg de sodium

Crevettes au gingembre et sauce tomate

Temps de préparation : 10 minutes

Temps de cuisson: 15 minutes

Portions : 2

Niveau de difficulté : difficile

Ingrédients:

- 1 1/2 cuillères à soupe d'huile végétale
- 1 gousse d'ail, hachée
- 10 crevettes extra grosses, décortiquées et laissées avec la queue
- 3/4 cuillères à soupe de doigt, râpé et pelé
- 1 tomate verte, coupée en deux
- 2 tomates italiennes, coupées en deux
- 1 cuillère à soupe de jus de citron vert frais
- 1/2 cuillère à café de sucre
- 1/2 cuillère à soupe de graines de jalapeño, fraîches et moulues
- 1/2 cuillère à soupe de basilic frais et haché
- 1/2 cuillère à soupe de coriandre hachée et fraîche
- 10 brochettes
- Sel de mer et poivre noir au goût

Directions:

Faire tremper les brochettes dans une casserole d'eau pendant au moins une demi-heure.

Mélangez l'ail et le gingembre dans un bol, en transférant la moitié dans un bol plus grand et en mélangeant avec deux cuillères à soupe de votre huile. Ajoutez les crevettes et assurez-vous qu'elles sont bien enrobées.

Couvrir et transférer au réfrigérateur pendant au moins une demi-heure, puis laisser refroidir.

Chauffer le gril à feu vif et graisser légèrement les grilles avec de l'huile. Prenez un bol et mélangez les tomates prunes et vertes avec la cuillère à soupe d'huile restante, assaisonnez de sel et de poivre.

Faites griller les tomates côté coupé vers le haut et la peau doit être carbonisée. La chair de votre tomate doit être tendre, ce qui prendra quatre à six minutes pour la tomate italienne et une dizaine de minutes pour la tomate verte.

Retirez la peau une fois que les tomates sont suffisamment froides pour être manipulées, puis retirez les graines. Hachez finement la pulpe de tomate en l'ajoutant au gingembre et à l'ail réservés. Ajoutez le sucre, le jalapeño, le jus de citron vert et le basilic.

Assaisonnez les crevettes avec du sel et du poivre sur des brochettes, puis faites-les griller jusqu'à ce qu'elles soient opaques, environ deux minutes de chaque côté. Placez les crevettes sur une assiette à votre goût et dégustez.

Nutrition (pour 100 g) : 391 calories 13 g de matières grasses 11 g de glucides 34 g de protéines 693 mg de sodium

Pâtes aux crevettes

Temps de préparation : 10 minutes

Temps de cuisson: 10 minutes

Portions : 2

Niveau de difficulté : moyen

Ingrédients:

- 2 tasses de pâtes aux cheveux d'ange, cuites
- 1/2 livre de crevettes moyennes, décortiquées
- 1 gousse d'ail, hachée
- 1 tasse de tomate, hachée
- 1 cuillère à café d'huile d'olive
- 1/6 tasse d'olives Kalamata, dénoyautées et hachées
- 1/8 tasse de basilic, frais et tranché finement
- 1 cuillère à soupe de câpres, égouttées
- 1/8 tasse de fromage feta, émietté
- Une pincée de poivre noir

Directions:

Faites cuire les pâtes selon les instructions sur l'emballage, puis faites chauffer l'huile d'olive dans une poêle à feu moyen-vif. Faites cuire l'ail pendant une demi-minute puis ajoutez les crevettes. Faites frire encore une minute.

Ajoutez le basilic et la tomate, puis réduisez le feu et laissez mijoter pendant trois minutes. Votre tomate doit être tendre.

Incorporer les olives et les câpres. Ajoutez une pincée de poivre noir et mélangez le mélange de crevettes et les pâtes pour servir. Garnir de fromage avant de servir chaud.

Nutrition (pour 100 g) : 357 calories 11 g de matières grasses 9 g de glucides 30 g de protéines 871 mg de sodium

Morue méditerranéenne

Temps de préparation : 10 minutes

Temps de cuisson: 25 minutes

Portions : 2

Niveau de difficulté : moyen

Ingrédients:

- 2 filets de morue, 6 oz
- Sel de mer et poivre noir au goût
- 1/4 tasse de vin blanc sec
- 1/4 tasse de bouillon de poisson
- 2 gousses d'ail, hachées
- 1 feuille de laurier
- 1/2 cuillère à café de sauge fraîche et hachée
- 2 brins de romarin pour la garniture

Directions:

Commencez par mettre le four à 375, puis assaisonnez les filets de sel et de poivre. Placez-les dans une casserole et ajoutez le bouillon, l'ail, le vin, la sauge et le laurier. Couvrir hermétiquement et cuire au four une vingtaine de minutes. Votre poisson doit être feuilleté lorsqu'il est testé à la fourchette.

A l'aide d'une spatule, retirer chaque filet, mettre le liquide sur feu vif et faire réduire de moitié. Cela devrait prendre dix minutes et vous devez remuer fréquemment. Servir égoutté dans le liquide bouillant et garni d'une branche de romarin.

Nutrition (pour 100 g) : 361 calories 10 g de matières grasses 9 g de glucides 34 g de protéines 783 mg de sodium

Moules au vin blanc

Temps de préparation : 5 minutes

Temps de cuisson: 10 minutes

Portions : 2

Niveau de difficulté : difficile

Ingrédients:

- 2 livres de moules vivantes, fraîches
- 1 verre de vin blanc sec
- 1/4 cuillère à café de sel marin, fin
- 3 gousses d'ail, émincées
- 2 cuillères à café d'échalotes, coupées en dés
- 1/4 tasse de persil, frais et haché, divisé
- 2 cuillères à soupe d'huile d'olive
- 1/4 citron, jus

Directions:

Prenez une passoire et frottez les moules en les rinçant à l'eau froide. Jetez toutes les moules qui ne se ferment pas si elles sont piquées, puis utilisez un couteau d'office pour retirer les barbes de chacune.

Sortez la casserole, placez-la sur feu moyen-vif et ajoutez l'ail, les échalotes, le vin et le persil. Portez-le à ébullition. Au moment de mijoter, ajoutez les moules et couvrez. Laissez-les mijoter pendant cinq à sept minutes. Assurez-vous qu'ils ne cuisent pas trop.

Utilisez une écumoire pour les retirer et ajoutez le jus de citron et l'huile d'olive dans la casserole. Bien mélanger et verser le bouillon sur les moules avant de servir avec le persil.

Nutrition (pour 100 g) : 345 calories 9 g de matières grasses 18 g de glucides 37 g de protéines 693 mg de sodium

Saumon à l'aneth

Temps de préparation : 10 minutes
Temps de cuisson: 15 minutes
Portions : 2
Niveau de difficulté : moyen

Ingrédients:

- 2 filets de saumon, 6 onces chacun
- 1 cuillère à soupe d'huile d'olive
- 1/2 mandarine, jus
- 2 cuillères à café de zeste d'orange
- 2 cuillères à soupe d'aneth, frais et haché
- Sel de mer et poivre noir au goût

Directions:

Préparez le four à 375 degrés, puis retirez deux morceaux de papier d'aluminium de dix pouces. Frottez vos filets d'huile d'olive des deux côtés avant de les assaisonner de sel et de poivre en plaçant chaque filet dans une feuille de papier aluminium.

Versez le jus d'orange sur chacun, puis ajoutez le zeste d'orange et l'aneth. Pliez l'emballage et fermez-le en vous assurant qu'il y a un espace d'air de deux pouces à l'intérieur du papier d'aluminium pour que le poisson puisse cuire à la vapeur, puis placez-le sur une plaque à pâtisserie.

Enfourner un quart d'heure avant d'ouvrir les paquets et répartir dans deux assiettes de service. Versez la sauce sur chacun avant de servir.

Nutrition (pour 100 g) : 366 calories 14 g de matières grasses 9 g de glucides 36 g de protéines 689 mg de sodium

Saumon méditerranéen

Temps de préparation : 8 minutes

Temps de cuisson: 8 minutes

Portions : 2

Niveau de difficulté : facile

Ingrédients:

- Saumon, 6 onces de filet
- Citron, 2 tranches
- Câpres, 1 cuillère à soupe
- Sel de mer et poivre, 1/8 cuillère à café
- Huile d'olive extra vierge, 1 cuillère à soupe

Directions:

Placez une poêle propre à feu moyen et laissez infuser pendant 3 minutes. Versez l'huile d'olive dans une assiette et couvrez complètement le saumon. Faites cuire le saumon à feu vif dans la poêle.

Garnir le saumon avec le reste des ingrédients et retourner pour cuire chaque côté. Remarquez quand les deux côtés sont bruns. Cela peut prendre 3 à 5 minutes de chaque côté. Assurez-vous que le saumon est cuit en le testant avec une fourchette.

Servir avec des tranches de citron.

Nutrition (pour 100 g) : 371 calories 25,1 g de matières grasses 0,9 g de glucides 33,7 g de protéines 782 mg de sodium

Mélodie du thon

Temps de préparation : 20 minutes

Temps de cuisson: 20 minutes

Portions : 2

Niveau de difficulté : facile

Ingrédients:

- Thon, 12 onces
- Oignons verts, 1 pour la garniture
- Poivron, ¼, haché
- Vinaigre, 1 trait
- Sel et poivre au goût
- Avocat, 1, coupé en deux et dénoyauté
- yaourt grec, 2 cuillères à soupe

Directions:

Mélangez le thon avec le vinaigre, l'oignon, le yaourt, l'avocat et le poivre dans un bol.

Ajouter les assaisonnements, mélanger et servir avec une garniture d'oignons verts.

Nutrition (pour 100 g) : 294 calories 19 g de matières grasses 10 g de glucides 12 g de protéines 836 mg de sodium

De délicieux steaks

Temps de préparation : 10 minutes

Temps de cuisson: 20 minutes

Portions : 2

Niveau de difficulté : facile

Ingrédients:

- Huile d'olive, 1 cuillère à café
- Steak de flétan, 8 oz
- Ail, ½ cuillère à café, émincé
- Beurre, 1 cuillère à soupe
- Sel et poivre au goût

Directions:

Faites chauffer une poêle et ajoutez de l'huile. Faire dorer les steaks dans une poêle à feu moyen, faire fondre le beurre avec l'ail, le sel et le poivre. Ajouter les steaks, remuer pour enrober et servir.

Nutrition (pour 100 g) : 284 calories 17 g de matières grasses 0,2 g de glucides 8 g de protéines 755 mg de sodium

Saumon aux herbes

Temps de préparation : 8 minutes

Temps de cuisson: 18 minutes

Portions : 2

Niveau de difficulté : facile

Ingrédients:

- Saumon, 2 filets sans peau
- Gros sel au goût
- Huile d'olive extra vierge, 1 cuillère à soupe
- Citron, 1, tranché
- Romarin frais, 4 brins

Directions:

Préchauffer le four à 400F. Placer du papier d'aluminium sur une plaque à pâtisserie et déposer le saumon dessus. Complétez le saumon avec le reste des ingrédients et enfournez pour 20 minutes. Servir aussitôt avec des tranches de citron.

Nutrition (pour 100 g) : 257 calories 18 g de matières grasses 2,7 g de glucides 7 g de protéines 836 mg de sodium

Thon glacé fumé

Temps de préparation : 35 minutes
Temps de cuisson: 10 minutes
Portions : 2
Niveau de difficulté : facile

Ingrédients:

- Thon, 4 oz de steaks
- Jus d'orange, 1 cuillère à soupe
- Ail émincé, ½ gousse
- Jus de citron, ½ cuillère à café
- Persil frais, 1 cuillère à soupe, haché
- Sauce soja, 1 cuillère à soupe
- Huile d'olive extra vierge, 1 cuillère à soupe
- Poivre noir moulu, ¼ cuillère à café
- Origan, ¼ cuillère à café

Directions:

Choisissez un plat allant au four et ajoutez tous les ingrédients, sauf le thon. Mélangez bien, puis ajoutez le thon à la marinade. Réfrigérez ce mélange pendant une demi-heure. Faites chauffer une poêle et faites cuire le thon de chaque côté pendant 5 minutes. Servir une fois cuit.

Nutrition (pour 100 g) : 200 calories 7,9 g de matières grasses 0,3 g de glucides 10 g de protéines 734 mg de sodium

Flétan croustillant

Temps de préparation : 20 minutes
Temps de cuisson: 15 minutes
Portions : 2
Niveau de difficulté : facile

Ingrédients:

- Persil dessus
- Aneth frais, 2 cuillères à soupe, haché
- Ciboulette fraîche, 2 cuillères à soupe, hachée
- Huile d'olive, 1 cuillère à soupe
- Sel et poivre au goût
- Flétan, filets, 6 oz
- Zeste de citron, ½ cuillère à café, finement râpé
- yaourt grec, 2 cuillères à soupe

Directions:

Préchauffer le four à 400F. Tapisser une plaque à pâtisserie de papier d'aluminium. Ajouter tous les ingrédients dans une grande assiette et faire mariner les filets. Rincer et sécher les filets ; puis mettre au four et cuire au four pendant 15 minutes.

Nutrition (pour 100 g) : 273 calories 7,2 g de matières grasses 0,4 g de glucides 9 g de protéines 783 mg de sodium

Thon facile et délicieux

Temps de préparation : 15 minutes

Temps de cuisson: 10 minutes

Portions : 2

Niveau de difficulté : facile

Ingrédients:

- Oeuf, ½
- Oignon, 1 cuillère à soupe, finement haché
- Céleri dessus
- Sel et poivre au goût
- Ail, 1 gousse, hachée
- Thon en conserve, 7 oz
- yaourt grec, 2 cuillères à soupe

Directions:

Égouttez le thon, ajoutez l'œuf et le yaourt avec l'ail, salez et poivrez.

Dans un bol, mélanger ce mélange avec les oignons et façonner des boulettes de viande. Prenez une grande poêle et faites dorer les boulettes de viande 3 minutes de chaque côté. Égoutter et servir.

Nutrition (pour 100 g) : 230 calories 13 g de matières grasses 0,8 g de glucides 10 g de protéines 866 mg de sodium

Moules O'Marina

Temps de préparation : 20 minutes

Temps de cuisson: 10 minutes

Portions : 2

Niveau de difficulté : facile

Ingrédients:

- Moules, lavées et pelées, 1 lb
- Lait de coco, ½ tasse
- Poivre de Cayenne, 1 cuillère à café
- Jus de citron frais, 1 cuillère à soupe
- Ail, 1 cuillère à café, émincé
- Coriandre fraîchement hachée pour la garniture
- Cassonade, 1 cuillère à café

Directions:

Mélangez tous les ingrédients sauf les moules dans une casserole. Faites chauffer le mélange et portez-le à ébullition. Ajoutez les moules et laissez cuire 10 minutes. Servir dans une assiette avec le liquide bouilli.

Nutrition (pour 100 g) : 483 calories 24,4 g de matières grasses 21,6 g de glucides 1,2 g de protéines 499 mg de sodium

Rôti de bœuf méditerranéen à la mijoteuse

Temps de préparation : 10 minutes
Temps de cuisson: 10 heures et 10 minutes
Portions : 6
Niveau de difficulté : moyen

Ingrédients:

- 3 livres de rôti de paleron, désossé
- 2 cuillères à café de romarin
- ½ tasse de tomates séchées au soleil et hachées
- 10 gousses d'ail râpées
- ½ tasse de bouillon de bœuf
- 2 cuillères à soupe de vinaigre balsamique
- ¼ tasse de persil italien frais haché
- ¼ tasse d'olives hachées
- 1 cuillère à café de zeste de citron
- ¼ tasse de gruau de fromage

Directions:

Dans la mijoteuse, déposer l'ail, les tomates séchées et le rosbif. Ajouter le bouillon de bœuf et le romarin. Fermez la poêle et faites cuire lentement pendant 10 heures.

Une fois cuite, retirez la viande et effilochez-la. Élimine les graisses. Remettez la viande râpée dans la mijoteuse et laissez mijoter pendant 10 minutes. Dans un petit bol, mélanger le zeste de citron, le persil et les olives. Refroidissez le mélange jusqu'à ce que vous soyez prêt à servir. Garnir avec le mélange refroidi.

Servir sur des pâtes ou des nouilles aux œufs. Garnissez-le de gruau de fromage.

Nutrition (pour 100 g) : 314 calories 19 g de matières grasses 1 g de glucides 32 g de protéines 778 mg de sodium

Bœuf méditerranéen mijoté aux artichauts

Temps de préparation: 3 heures et 20 minutes
Temps de cuisson: 7 heures et 8 minutes
Portions : 6
Niveau de difficulté : facile

Ingrédients:

- 2 livres de bœuf pour le ragoût
- 14 onces de cœurs d'artichauts
- 1 cuillère à soupe d'huile de pépins de raisin
- 1 oignon coupé en dés
- 32 onces de bouillon de bœuf
- 4 gousses d'ail, râpées
- 14 ½ onces de tomates en conserve, coupées en dés
- 15 onces de sauce tomate
- 1 cuillère à café d'origan séché
- ½ tasse d'olives dénoyautées et hachées
- 1 cuillère à café de persil séché
- 1 cuillère à café d'origan séché
- ½ cuillère à café de cumin moulu
- 1 cuillère à café de basilic séché
- 1 feuille de laurier
- ½ cuillère à café de sel

Directions:

Versez un filet d'huile dans une grande poêle antiadhésive et portez à feu moyen-vif. Rôtir la viande jusqu'à ce qu'elle soit dorée des deux côtés. Transférez la viande dans une mijoteuse.

Ajouter le bouillon de bœuf, les tomates en dés, la sauce tomate, le sel et mélanger. Versez le bouillon de viande, les tomates en dés, l'origan, les olives, le basilic, le persil, le laurier et le cumin. Mélangez soigneusement le mélange.

Fermez et laissez cuire à feu doux pendant 7 heures. Retirez la feuille de laurier au moment de servir. Servir chaud.

Nutrition (pour 100 g) : 416 calories 5 g de matières grasses 14,1 g de glucides 29,9 g de protéines 811 mg de sodium

Rôti maigre de style méditerranéen, cuit lentement

Temps de préparation : 30 minutes
Temps de cuisson : 8 heures
Portions : 10
Niveau de difficulté : difficile

Ingrédients:

- 4 livres d'oeil de ronde rôti
- 4 gousses d'ail
- 2 cuillères à café d'huile d'olive
- 1 cuillère à café de poivre noir fraîchement moulu
- 1 tasse d'oignons hachés
- 4 carottes, hachées
- 2 cuillères à café de romarin séché
- 2 branches de céleri hachées
- 28 oz de tomates concassées en boîte
- 1 tasse de bouillon de bœuf faible en sodium
- 1 tasse de vin rouge
- 2 cuillères à café de sel

Directions:

Assaisonner le rosbif avec du sel, de l'ail et du poivre et réserver. Versez l'huile dans une poêle antiadhésive et portez à feu moyen-vif. Placez la viande et faites-la rôtir jusqu'à ce qu'elle soit dorée de tous les côtés. Transférez maintenant le rôti de bœuf dans une mijoteuse de 6 litres. Ajouter les carottes, l'oignon, le romarin et le céleri dans la poêle. Continuez la cuisson jusqu'à ce que l'oignon et les légumes deviennent tendres.

Incorporer les tomates et le vin à ce mélange de légumes. Ajouter le bouillon de bœuf et le mélange de tomates dans la mijoteuse avec le mélange de légumes. Fermez et laissez cuire à feu doux pendant 8 heures.

Une fois la viande cuite, retirez-la de la mijoteuse, placez-la sur une planche à découper et enveloppez-la de papier d'aluminium. Pour épaissir la sauce, transférez-la dans une casserole et faites bouillir à feu doux jusqu'à obtenir la consistance désirée. Jeter le gras avant de servir.

Nutrition (pour 100 g) : 260 calories 6 g de matières grasses 8,7 g de glucides 37,6 g de protéines 588 mg de sodium

Pain de viande à la mijoteuse

Temps de préparation : 10 minutes

Temps de cuisson: 6 heures et 10 minutes

Portions : 8

Niveau de difficulté : moyen

Ingrédients:

- 2 livres de bison haché
- 1 courgette râpée
- 2 gros œufs
- Spray de cuisson à l'huile d'olive au goût
- 1 courgette, hachée
- ½ tasse de persil, frais, finement haché
- ½ tasse de parmesan, haché
- 3 cuillères à soupe de vinaigre balsamique
- 4 gousses d'ail, râpées
- 2 cuillères à soupe d'oignon haché
- 1 cuillère à soupe d'origan séché
- ½ cuillère à café de poivre noir moulu
- ½ cuillère à café de sel casher
- Pour le remplissage:
- ¼ tasse de mozzarella râpée
- ¼ tasse de ketchup sans sucre
- ¼ tasse de persil frais haché

Directions:

Tapisser l'intérieur d'une mijoteuse de six litres en bandes de papier d'aluminium. Vaporisez dessus un peu d'huile de cuisson antiadhésive.

Dans un grand bol, mélanger le bison haché ou le surlonge haché extra maigre, les courgettes, les œufs, le persil, le vinaigre balsamique, l'ail, l'origan séché, le sel marin ou casher, l'oignon séché haché et le poivre noir moulu.

Placez ce mélange dans la mijoteuse et façonnez un pain oblong. Couvrez la casserole, placez sur feu doux et laissez cuire 6 heures. Après la cuisson, ouvrez le feu et étalez le ketchup sur tout le pain de viande.

Maintenant, placez le fromage sur le ketchup comme une nouvelle couche et fermez la mijoteuse. Laissez le pain de viande reposer sur ces deux couches pendant environ 10 minutes ou jusqu'à ce que le fromage commence à fondre. Garnir de persil frais et de mozzarella râpée.

Nutrition (pour 100 g) : 320 calories 2 g de matières grasses 4 g de glucides 26 g de protéines 681 mg de sodium

Hoagies au bœuf méditerranéen à la mijoteuse

Temps de préparation : 10 minutes
Temps de cuisson : 13 heures
Portions : 6
Niveau de difficulté : moyen

Ingrédients:

- 3 livres de rôti de bœuf sans gras
- ½ cuillère à café de poudre d'oignon
- ½ cuillère à café de poivre noir
- 3 tasses de bouillon de bœuf faible en sodium
- 4 cuillères à café de mélange à vinaigrette
- 1 feuille de laurier
- 1 cuillère à soupe d'ail, émincé
- 2 poivrons rouges coupés en fines lanières
- 16 onces de piment
- 8 tranches de Provolone Sargento, fines
- 2 onces de pain sans gluten
- ½ cuillère à café de sel
- <u>Assaisonner:</u>
- 1 ½ cuillères à soupe de poudre d'oignon
- 1 1/2 cuillères à soupe de poudre d'ail
- 2 cuillères à soupe de persil séché

- 1 cuillère à soupe de stévia
- ½ cuillère à café de thym séché
- 1 cuillère à soupe d'origan séché
- 2 cuillères à soupe de poivre noir
- 1 cuillère à soupe de sel
- 6 tranches de fromage

Directions:

Séchez le rôti avec une serviette en papier. Mélangez le poivre noir, la poudre d'oignon et le sel dans un petit bol et frottez le mélange sur le rôti. Placer le rôti assaisonné dans la mijoteuse.

Ajouter le bouillon, la vinaigrette, la feuille de laurier et l'ail dans la mijoteuse. Rassemblez-le doucement. Fermez et réglez sur cuisson douce pendant 12 heures. Après la cuisson, retirez la feuille de laurier.

Sortez la viande cuite et émincez-la. Remettez la viande hachée et ajoutez les poivrons et. Ajoutez les poivrons et le piment dans la mijoteuse. Couvrez le feu et laissez cuire à feu doux pendant 1 heure. Avant de servir, enrober chaque pain de 3 onces du mélange de viande. Garnissez-le d'une tranche de fromage. La sauce liquide peut être utilisée comme sauce.

Nutrition (pour 100 g) : 442 calories 11,5 g de matières grasses 37 g de glucides 49 g de protéines 735 mg de sodium

Rôti de porc méditerranéen

Temps de préparation : 10 minutes

Temps de cuisson: 8 heures et 10 minutes

Portions : 6

Niveau de difficulté : moyen

Ingrédients:

- 2 cuillères à soupe d'huile d'olive
- 2 livres de porc rôti
- ½ cuillère à café de paprika
- ¾ tasse de bouillon de poulet
- 2 cuillères à café de sauge séchée
- ½ cuillère à soupe d'ail émincé
- ¼ cuillère à café de marjolaine séchée
- ¼ cuillère à café de romarin séché
- 1 cuillère à café d'origan
- ¼ cuillère à café de thym séché
- 1 cuillère à café de basilic
- ¼ cuillère à café de sel casher

Directions:

Dans un petit bol, mélanger le bouillon, l'huile, le sel et les épices. Versez l'huile d'olive dans une poêle et portez à feu moyen-vif.

Placez-y le porc et faites cuire jusqu'à ce que tous les côtés soient dorés.

Retirez le porc après la cuisson et piquez le rôti avec un couteau. Placer le rôti de porc dans une mijoteuse de 6 litres. Maintenant, versez le liquide du mélange du petit bol sur tout le rôti.

Fermez la mijoteuse et laissez cuire à feu doux pendant 8 heures. Après la cuisson, retirez-le de la mijoteuse sur une planche à découper et coupez-le en morceaux. Ensuite, ajoutez le porc émincé dans la casserole. Laisser mijoter encore 10 minutes. Servir avec du fromage feta, du pain pita et des tomates.

Nutrition (pour 100 g) : 361 calories 10,4 g de matières grasses 0,7 g de glucides 43,8 g de protéines 980 mg de sodium

Pizza au bœuf

Temps de préparation : 20 minutes
Temps de cuisson: 50 minutes
Portions : 10
Niveau de difficulté : difficile

Ingrédients:

- <u>Pour la pâte:</u>
- 3 tasses de farine tout usage
- 1 cuillère à soupe de sucre
- 2¼ cuillères à café de levure sèche active
- 1 cuillère à café de sel
- 2 cuillères à soupe d'huile d'olive
- 1 tasse d'eau tiède
- <u>Pour garnir:</u>
- 1 livre de bœuf haché
- 1 oignon moyen, haché
- 2 cuillères à soupe de concentré de tomate
- 1 cuillère à soupe de cumin moulu
- Sel et poivre noir moulu, au goût
- ¼ tasse d'eau
- 1 tasse d'épinards frais, hachés
- 8 onces de cœurs d'artichauts, coupés en quartiers
- 4 onces de champignons frais, tranchés

- 2 tomates hachées
- 4 onces de fromage feta, émietté

Directions:

Pour la pâte:

Mélangez la farine, le sucre, la levure et le sel au batteur sur socle, à l'aide du crochet pétrisseur. Ajouter 2 cuillères à soupe d'huile et d'eau tiède et pétrir jusqu'à ce qu'une pâte lisse et élastique se forme.

Formez une boule de pâte et laissez reposer environ 15 minutes.

Placez la pâte sur une surface légèrement farinée et étalez-la en cercle. Placer la pâte dans un moule rond légèrement graissé et presser doucement pour la faire tenir. Laisser reposer environ 10 à 15 minutes. Arrosez la croûte d'un peu d'huile. Préchauffer le four à 400 degrés F.

Pour garnir:

Faites revenir le bœuf dans une poêle antiadhésive à feu moyen-vif pendant environ 4 à 5 minutes. Ajouter l'oignon et cuire environ 5 minutes en remuant souvent. Ajoutez la pâte de tomate, le cumin, le sel, le poivre noir et l'eau et mélangez.

Réglez le feu à moyen et laissez cuire environ 5 à 10 minutes. Retirer du feu et réserver. Placer le mélange de bœuf sur la croûte à pizza et garnir d'épinards, puis d'artichauts, de champignons, de tomates et de feta.

Cuire jusqu'à ce que le fromage soit fondu. Retirer du four et laisser reposer environ 3 à 5 minutes avant de trancher. Couper en tranches de la taille désirée et servir.

Nutrition (pour 100 g) : 309 calories 8,7 g de matières grasses 3,7 g de glucides 3,3 g de protéines 732 mg de sodium

Boulettes de bœuf et boulgour

Temps de préparation : 20 minutes

Temps de cuisson: 28 minutes

Portions : 6

Niveau de difficulté : moyen

Ingrédients:

- ¾ tasse de boulgour cru
- 1 livre de bœuf haché
- ¼ tasse d'échalotes, hachées
- ¼ tasse de persil frais, haché
- ½ cuillère à café de piment de la Jamaïque moulu
- ½ cuillère à café de cumin moulu
- ½ cuillère à café de cannelle moulue
- ¼ cuillère à café de flocons de piment rouge, écrasés
- Du sel, juste assez
- 1 cuillère à soupe d'huile d'olive

Directions:

Dans un grand bol d'eau froide, faites tremper le boulgour pendant environ 30 minutes. Égouttez bien le boulgour puis pressez-le avec vos mains pour éliminer l'excès d'eau. Dans un robot culinaire, ajouter le boulgour, le bœuf, les oignons verts, le persil, les épices, le sel et mélanger jusqu'à consistance lisse.

Placer le mélange dans un bol et placer au réfrigérateur, couvert, pendant environ 30 minutes. Retirer du réfrigérateur et former des galettes de taille égale à partir du mélange de bœuf. Dans une grande poêle antiadhésive, faites chauffer l'huile à feu moyen-vif et faites cuire les boulettes de viande en 2 fois pendant environ 13 à 14 minutes, en les retournant fréquemment. Servir chaud.

Nutrition (pour 100 g) : 228 calories 7,4 g de matières grasses 0,1 g de glucides 3,5 g de protéines 766 mg de sodium

Délicieux bœuf et brocoli

Temps de préparation : 10 minutes

Temps de cuisson: 15 minutes

Portions : 4

Niveau de difficulté : facile

Ingrédients:

- 1 et ½ livres. bifteck de flanc
- 1 cuillère à soupe. huile d'olive
- 1 cuillère à soupe. sauce tamari
- 1 tasse de bouillon de boeuf
- 1 livre de brocoli, fleurons séparés

Directions:

Mélangez les lanières de steak avec l'huile et le tamari, mélangez et laissez reposer 10 minutes. Sélectionnez votre Instant Pot en mode sauté, placez les lanières de bœuf et saisissez 4 minutes de chaque côté. Incorporer le bouillon, couvrir à nouveau la casserole et cuire à feu vif pendant 8 minutes. Incorporer le brocoli, couvrir et cuire à feu vif pendant encore 4 minutes. Répartissez le tout dans les assiettes et servez. Apprécier!

Nutrition (pour 100 g) : 312 calories 5 g de matières grasses 20 g de glucides 4 g de protéines 694 mg de sodium

Chili au bœuf et au maïs

Temps de préparation : 8 à 10 minutes
Temps de cuisson: 30 minutes
Portions : 8
Niveau de difficulté : moyen

Ingrédients:

- 2 petits oignons hachés (finement)
- ¼ tasse de maïs en conserve
- 1 cuillère à soupe d'huile
- 10 onces de bœuf haché maigre
- 2 petits piments, coupés en dés

Directions:

Allumez l'Instant Pot. Cliquez sur "SAUTER". Versez l'huile, puis incorporez les oignons, le piment et le bœuf; cuire jusqu'à ce qu'il soit translucide et ramolli. Versez 3 tasses d'eau dans la casserole; bien mélanger.

Fermez le couvercle. Sélectionnez « VIANDE/RAGOÛT ». Réglez la minuterie sur 20 minutes. Laissez cuire jusqu'à ce que la minuterie se réinitialise.

Cliquez sur « ANNULER » puis sur « NPR » pour un relâchement naturel de la pression pendant environ 8 à 10 minutes. Ouvrez puis disposez le plat de cuisson sur les assiettes de service. Servir.

Nutrition (pour 100 g) : 94 calories 5 g de matières grasses 2 g de glucides 7 g de protéines 477 mg de sodium

Plat de boeuf balsamique

Temps de préparation : 5 minutes
Temps de cuisson: 55 minutes
Portions : 8
Niveau de difficulté : moyen

Ingrédients:

- 3 livres de rôti de paleron
- 3 gousses d'ail, coupées en fines tranches
- 1 cuillère à soupe d'huile
- 1 cuillère à café de vinaigre aromatisé
- ½ cuillère à café de poivre
- ½ cuillère à café de romarin
- 1 cuillère à soupe de beurre
- ½ cuillère à café de thym
- ¼ tasse de vinaigre balsamique
- 1 tasse de bouillon de boeuf

Directions:

Trancher le rôti et farcir les tranches d'ail partout. Mélangez le vinaigre aromatisé, le romarin, le poivre, le thym et frottez le mélange sur le rôti. Sélectionnez la poêle en mode sauté et mélangez avec l'huile, laissez l'huile chauffer. Cuire les deux côtés du rôti.

Sortez-le et mettez-le de côté. Mélangez le beurre, le bouillon, le vinaigre balsamique et déglacez la poêle. Remettez le rôti dedans et fermez le couvercle, puis faites cuire à HAUTE pression pendant 40 minutes.

Effectuez une libération rapide. Servir!

Nutrition (pour 100 g) : 393 calories 15 g de matières grasses 25 g de glucides 37 g de protéines 870 mg de sodium

Rôti de boeuf à la sauce soja

Temps de préparation : 8 minutes

Temps de cuisson: 35 minutes

Portions : 2-3

Niveau de difficulté : moyen

Ingrédients:

- ½ cuillère à café de bouillon de bœuf
- 1 ½ cuillères à café de romarin
- ½ cuillère à café d'ail émincé
- 2 livres de rosbif
- 1/3 tasse de sauce soja

Directions:

Mélanger la sauce soja, le bouillon, le romarin et l'ail dans un bol.

Allumez votre Instant Pot. Placer le rôti et verser suffisamment d'eau pour couvrir le rôti; remuer doucement pour bien mélanger. Scelle bien.

Cliquez sur la fonction de cuisson « VIANDE / RAGOÛT » ; réglez le niveau de pression sur « ÉLEVÉ » et réglez le temps de cuisson sur 35 minutes. Laissez la pression monter pour cuire les ingrédients. Une fois terminé, cliquez sur le paramètre « ANNULER », puis cliquez sur la fonction de cuisson « NPR » pour relâcher naturellement la pression.

Ouvrez progressivement le couvercle et émincez la viande. Incorporez la viande hachée à la terre et mélangez bien. Transférer dans des contenants de service. Servir chaud.

Nutrition (pour 100 g) : 423 calories 14 g de matières grasses 12 g de glucides 21 g de protéines 884 mg de sodium

Rôti de Boeuf au Romarin

Temps de préparation : 5 minutes

Temps de cuisson: 45 minutes

Portions : 5-6

Niveau de difficulté : moyen

Ingrédients:

- 3 livres de rosbif
- 3 gousses d'ail
- ¼ tasse de vinaigre balsamique
- 1 brin de romarin frais
- 1 branche de thym frais
- 1 tasse d'eau
- 1 cuillère à soupe d'huile végétale
- Sel et poivre au goût

Directions:

Coupez les tranches dans le rosbif et placez les gousses d'ail dessus. Frottez le rôti avec les herbes, le poivre noir et le sel. Préchauffez l'Instant Pot en utilisant le réglage sauté et versez l'huile. Une fois chaud, ajoutez le rosbif et faites-le revenir jusqu'à ce qu'il soit doré de tous les côtés. Ajouter le reste des ingrédients; mélanger délicatement.

Fermez hermétiquement et faites cuire à puissance élevée pendant 40 minutes en utilisant le réglage manuel. Laissez la pression se relâcher naturellement, environ 10 minutes. Découvrez et placez le rosbif sur des assiettes de service, tranchez-le et servez.

Nutrition (pour 100 g) : 542 calories 11,2 g de matières grasses 8,7 g de glucides 55,2 g de protéines 710 mg de sodium

Côtes de porc et sauce tomate

Temps de préparation : 10 minutes

Temps de cuisson: 20 minutes

Portions : 4

Niveau de difficulté : facile

Ingrédients:

- 4 côtelettes de porc, désossées
- 1 cuillère à soupe de sauce soja
- ¼ cuillère à café d'huile de sésame
- 1 ½ tasse de concentré de tomate
- 1 oignon jaune
- 8 champignons, tranchés

Directions:

Dans un bol, mélangez les côtelettes de porc avec la sauce soja et l'huile de sésame, mélangez et laissez reposer 10 minutes. Réglez votre Instant Pot en mode sauté, ajoutez les côtelettes de porc et faites dorer pendant 5 minutes de chaque côté. Incorporer l'oignon et cuire encore 1 à 2 minutes. Ajoutez le concentré de tomates et les champignons, mélangez, couvrez et laissez cuire à feu vif pendant 8 à 9 minutes. Répartissez le tout dans les assiettes et servez. Apprécier!

Nutrition (pour 100 g) : 300 calories 7 g de matières grasses 18 g de glucides 4 g de protéines 801 mg de sodium

Poulet à la sauce aux câpres

Temps de préparation : 10 minutes
Temps de cuisson: 18 minutes
Portions : 5
Niveau de difficulté : difficile

Ingrédients:

- Pour le poulet :
- 2 oeufs
- Sel et poivre noir moulu, au goût
- 1 tasse de chapelure sèche
- 2 cuillères à soupe d'huile d'olive
- 1 ½ livre de moitiés de poitrine de poulet désossées et sans peau, pilées à ¾ de pouce d'épaisseur et coupées en morceaux
- Pour la sauce aux câpres :
- 3 cuillères à soupe de câpres
- ½ verre de vin blanc sec
- 3 cuillères à soupe de jus de citron frais
- Sel et poivre noir moulu, au goût
- 2 cuillères à soupe de persil frais haché

Directions:

Pour le poulet : Dans un plat peu profond allant au four, ajoutez les œufs, le sel et le poivre noir et battez jusqu'à consistance lisse.
Dans une autre assiette creuse, déposez la chapelure. Trempez les

morceaux de poulet dans le mélange d'œufs et enrobez-les uniformément de chapelure. Secouez l'excédent de chapelure.

Faites cuire l'huile à feu moyen et faites cuire les morceaux de poulet pendant environ 5 à 7 minutes de chaque côté ou jusqu'à la cuisson désirée. À l'aide d'une écumoire, déposez les morceaux de poulet sur une assiette recouverte de papier absorbant. Avec un morceau de papier d'aluminium, couvrez les morceaux de poulet pour les garder au chaud.

Dans la même poêle, incorporer tous les ingrédients de la sauce sauf le persil et cuire environ 2-3 minutes en remuant constamment. Incorporer le persil et retirer du feu. Servir les morceaux de poulet avec la sauce aux câpres.

Nutrition (pour 100 g) : 352 calories 13,5 g de matières grasses 1,9 g de glucides 1,2 g de protéines 741 mg de sodium

Burger de dinde sauce mangue

Temps de préparation : 15 minutes

Temps de cuisson: 10 minutes

Portions : 6

Niveau de difficulté : facile

Ingrédients:

- 1 ½ livre de poitrine de dinde hachée
- 1 cuillère à café de sel marin, divisé
- ¼ cuillère à café de poivre noir fraîchement moulu
- 2 cuillères à soupe d'huile d'olive extra vierge
- 2 mangues pelées, dénoyautées et coupées en cubes
- ½ oignon rouge, finement haché
- Jus d'1 citron vert
- 1 gousse d'ail, hachée
- ½ piment jalapeño, épépiné et finement haché
- 2 cuillères à soupe de feuilles de coriandre fraîche hachées

Directions:

Former la poitrine de dinde en 4 galettes et assaisonner avec ½ cuillère à café de sel marin et de poivre. Faites cuire l'huile d'olive dans une poêle antiadhésive jusqu'à ce qu'elle brille. Ajouter les boulettes de dinde et cuire environ 5 minutes de chaque côté jusqu'à ce qu'elles soient dorées. Pendant la cuisson des boulettes de viande, mélanger la mangue, l'oignon rouge, le jus de citron vert, l'ail, le jalapeño, la coriandre et la ½ cuillère à café de sel marin restante dans un petit bol. Versez la sauce sur les boulettes de dinde et servez.

Nutrition (pour 100 g) : 384 calories 3 g de matières grasses 27 g de glucides 34 g de protéines 692 mg de sodium

Poitrine de dinde rôtie aux herbes

Temps de préparation : 15 minutes

Temps de cuisson: 1h30 (plus 20 minutes de repos)

Portions : 6

Niveau de difficulté : moyen

Ingrédients:

- 2 cuillères à soupe d'huile d'olive extra vierge
- 4 gousses d'ail, émincées
- Zest de 1 citron
- 1 cuillère à soupe de feuilles de thym frais hachées
- 1 cuillère à soupe de feuilles de romarin frais hachées
- 2 cuillères à soupe de feuilles de persil italien frais hachées
- 1 cuillère à café de moutarde moulue
- 1 cuillère à café de sel marin
- ¼ cuillère à café de poivre noir fraîchement moulu
- 1 (6 lb) poitrine de dinde avec os et peau
- 1 tasse de vin blanc sec

Directions:

Préchauffer le four à 325 ° F. Mélanger l'huile d'olive, l'ail, le zeste de citron, le thym, le romarin, le persil, la moutarde, le sel marin et le poivre. Badigeonnez uniformément le mélange d'herbes sur la surface de la poitrine de dinde, détachez la peau et frottez également le dessous. Placer la poitrine de dinde dans une rôtissoire sur une grille, côté peau vers le haut.

Versez le vin dans la poêle. Cuire 1 à 1 1/2 heures jusqu'à ce que la dinde atteigne une température interne de 165 degrés F. Retirer du four et mettre séparément pendant 20 minutes, enveloppée dans du papier d'aluminium pour garder au chaud, avant de la découper.

Nutrition (pour 100 g) : 392 calories 1 g de matières grasses 2 g de glucides 84 g de protéines 741 mg de sodium

Saucisse de poulet et poivrons

Temps de préparation : 10 minutes
Temps de cuisson: 20 minutes
Portions : 6
Niveau de difficulté : moyen

Ingrédients:

- 2 cuillères à soupe d'huile d'olive extra vierge
- 6 saucisses de poulet italiennes
- 1 oignon
- 1 poivron rouge
- 1 poivron vert
- 3 gousses d'ail, émincées
- ½ verre de vin blanc sec
- ½ cuillère à café de sel marin
- ¼ cuillère à café de poivre noir fraîchement moulu
- Pincez les flocons de piment rouge

Directions:

Faites cuire l'huile d'olive dans une grande poêle jusqu'à ce qu'elle brille. Ajouter les saucisses et cuire 5 à 7 minutes, en les retournant de temps en temps, jusqu'à ce qu'elles soient dorées et atteignent une température interne de 50 ° C. À l'aide d'une pince, retirez la saucisse de la poêle et réservez-la sur un plat de service en la recouvrant de papier d'aluminium pour la conserver. chaud.

Remettez la poêle sur le feu et ajoutez l'oignon, le poivron rouge et le poivron vert. Cuire et remuer de temps en temps jusqu'à ce que les légumes commencent à dorer. Ajouter l'ail et cuire 30 secondes en remuant constamment.

Incorporer le vin, le sel marin, le poivre et les flocons de piment rouge. Sortez et incorporez les morceaux dorés du fond de la poêle. Laisser mijoter encore environ 4 minutes en remuant jusqu'à ce que le liquide soit réduit de moitié. Répartissez les poivrons sur les saucisses et servez.

Nutrition (pour 100 g) : 173 calories 1 g de matières grasses 6 g de glucides 22 g de protéines 582 mg de sodium

Poulet Piccata

Temps de préparation : 10 minutes

Temps de cuisson: 15 minutes

Portions : 6

Niveau de difficulté : moyen

Ingrédients:

- ½ tasse de farine de blé entier
- ½ cuillère à café de sel marin
- 1/8 cuillère à café de poivre noir fraîchement moulu
- 1 ½ livre de poitrine de poulet, coupée en 6 morceaux
- 3 cuillères à soupe d'huile d'olive extra vierge
- 1 tasse de bouillon de poulet non salé
- ½ verre de vin blanc sec
- Jus de 1 citron
- Zest de 1 citron
- ¼ tasse de câpres, égouttées et rincées
- ¼ tasse de persil frais haché

Directions:

Dans un plat peu profond, fouetter la farine, le sel marin et le poivre. Passer le poulet dans la farine et secouer l'excédent. Faites cuire l'huile d'olive jusqu'à ce qu'elle soit scintillante.

Ajouter le poulet et cuire environ 4 minutes de chaque côté jusqu'à ce qu'il soit doré. Retirez le poulet de la poêle et réservez-le, recouvert de papier d'aluminium pour le garder au chaud.

Remettez la casserole sur le feu et ajoutez le bouillon, le vin, le jus de citron, le zeste de citron et les câpres. Utilisez le côté d'une cuillère et incorporez les morceaux dorés du fond de la casserole. Laisser mijoter jusqu'à ce que le liquide épaississe. Retirez la casserole du feu et remettez le poulet dans la poêle. Tourner pour enduire. Ajoutez le persil et servez.

Nutrition (pour 100 g) : 153 calories 2 g de matières grasses 9 g de glucides 8 g de protéines 692 mg de sodium

Poulet toscan dans une poêle

Temps de préparation : 10 minutes

Temps de cuisson: 25 minutes

Portions : 6

Niveau de difficulté : difficile

Ingrédients:

- ¼ tasse d'huile d'olive extra vierge, divisée
- 1 livre de poitrines de poulet désossées et sans peau, coupées en morceaux d'un pouce
- 1 oignon, haché
- 1 poivron rouge, haché
- 3 gousses d'ail, émincées
- ½ verre de vin blanc sec
- 1 boîte (14 onces) de tomates concassées, non égouttées
- 1 boîte (14 onces) de tomates hachées, égouttées
- 1 boîte (14 onces) de haricots blancs, égouttés
- 1 cuillère à soupe d'assaisonnement italien séché
- ½ cuillère à café de sel marin
- 1/8 cuillère à café de poivre noir fraîchement moulu
- 1/8 cuillère à café de flocons de piment rouge
- ¼ tasse de feuilles de basilic frais hachées

Directions:

Faites cuire 2 cuillères à soupe d'huile d'olive jusqu'à ce qu'elle brille. Incorporer le poulet et cuire jusqu'à ce qu'il soit doré.

Retirez le poulet de la poêle et réservez-le sur une assiette de service recouverte de papier d'aluminium pour garder au chaud.

Remettez la poêle sur le feu et faites chauffer le reste de l'huile d'olive. Ajouter l'oignon et le poivron rouge. Cuire et remuer rarement, jusqu'à ce que les légumes soient tendres. Ajouter l'ail et cuire 30 secondes en remuant constamment.

Incorporez le vin et utilisez le côté de la cuillère pour retirer les morceaux dorés du fond de la casserole. Cuire 1 minute en remuant.

Incorporer les tomates concassées et hachées, les haricots blancs, l'assaisonnement italien, le sel marin, le poivre et les flocons de piment rouge. Laissez cuire à feu doux. Cuire 5 minutes en remuant de temps en temps.

Remettez le poulet et les jus récupérés dans la poêle. Cuire jusqu'à ce que le poulet soit cuit. Retirer du feu et incorporer le basilic avant de servir.

Nutrition (pour 100 g) : 271 calories 8 g de matières grasses 29 g de glucides 14 g de protéines 596 mg de sodium

Kapama au poulet

Temps de préparation : 10 minutes
Temps de cuisson : 2 heures
Portions : 4
Niveau de difficulté : moyen

Ingrédients:

- 1 boîte (32 onces) de tomates hachées, égouttées
- ¼ tasse de vin blanc sec
- 2 cuillères à soupe de concentré de tomate
- 3 cuillères à soupe d'huile d'olive extra vierge
- ¼ cuillère à café de flocons de piment rouge
- 1 cuillère à café de piment de la Jamaïque moulu
- ½ cuillère à café d'origan séché
- 2 clous de girofle entiers
- 1 bâton de cannelle
- ½ cuillère à café de sel marin
- 1/8 cuillère à café de poivre noir fraîchement moulu
- 4 moitiés de poitrine de poulet désossées et sans peau

Directions:

Mélangez les tomates, le vin, la pâte de tomate, l'huile d'olive, les flocons de piment, le piment de la Jamaïque, l'origan, les clous de girofle, le bâton de cannelle, le sel marin et le poivre dans une grande casserole. Portez à ébullition en remuant de temps en temps. Laisser mijoter 30 minutes en remuant de temps en temps.

Retirez et jetez les clous de girofle entiers et le bâton de cannelle de la sauce et laissez la sauce refroidir.

Préchauffer le four à 350 ° F. Placer le poulet dans un plat allant au four de 9 x 13 pouces. Versez la sauce sur le poulet et couvrez la poêle de papier d'aluminium. Poursuivre la cuisson jusqu'à ce que la température interne atteigne 165°F.

Nutrition (pour 100 g) : 220 calories 3 g de matières grasses 11 g de glucides 8 g de protéines 923 mg de sodium

Poitrines de poulet farcies aux épinards et feta

Temps de préparation : 10 minutes
Temps de cuisson: 45 minutes
Portions : 4
Niveau de difficulté : moyen

Ingrédients:

- 2 cuillères à soupe d'huile d'olive extra vierge
- 1 livre de bébés épinards frais
- 3 gousses d'ail, émincées
- Zest de 1 citron
- ½ cuillère à café de sel marin
- 1/8 cuillère à café de poivre noir fraîchement moulu
- ½ tasse de fromage feta émietté
- 4 poitrines de poulet désossées et sans peau

Directions:

Préchauffer le four à 350 ° F. Cuire l'huile d'olive à feu moyen jusqu'à ce qu'elle brille. Ajoutez les épinards. Continuez la cuisson et remuez jusqu'à ce qu'il ramollisse.

Incorporer l'ail, le zeste de citron, le sel marin et le poivre. Cuire 30 secondes en remuant constamment. Laisser refroidir légèrement et incorporer le fromage.

Étalez le mélange d'épinards et de fromage en une couche uniforme sur les morceaux de poulet et enroulez la poitrine autour de la garniture. Maintenez fermé avec des cure-dents ou de la ficelle de boucher. Placer la poitrine dans un plat allant au four de 9 x 13 pouces et cuire au four pendant 30 à 40 minutes, ou jusqu'à ce que le poulet ait une température interne de 165 ° F. Retirer du four et réserver 5 minutes avant de trancher et de servir.

Nutrition (pour 100 g) : 263 calories 3 g de matières grasses 7 g de glucides 17 g de protéines 639 mg de sodium

Cuisses de poulet au four au romarin

Temps de préparation : 5 minutes

Temps de cuisson : 1 heure

Portions : 6

Niveau de difficulté : facile

Ingrédients:

- 2 cuillères à soupe de feuilles de romarin frais hachées
- 1 cuillère à café de poudre d'ail
- ½ cuillère à café de sel marin
- 1/8 cuillère à café de poivre noir fraîchement moulu
- Zest de 1 citron
- 12 cuisses de poulet

Directions:

Préchauffer le four à 350 ° F. Incorporer le romarin, la poudre d'ail, le sel marin, le poivre et le zeste de citron.

Placer les pilons dans un plat allant au four de 9 x 13 pouces et saupoudrer du mélange de romarin. Cuire jusqu'à ce que le poulet atteigne une température interne de 50°C.

Nutrition (pour 100 g) : 163 calories 1 g de matières grasses 2 g de glucides 26 g de protéines 633 mg de sodium

Poulet aux oignons, pommes de terre, figues et carottes

Temps de préparation : 5 minutes

Temps de cuisson: 45 minutes

Portions : 4

Niveau de difficulté : moyen

Ingrédients:

- 2 tasses de pommes de terre rattes, coupées en deux
- 4 figues fraîches, coupées en quartiers
- 2 carottes, en julienne
- 2 cuillères à soupe d'huile d'olive extra vierge
- 1 cuillère à café de sel marin, divisé
- ¼ cuillère à café de poivre noir fraîchement moulu
- 4 quartiers de cuisse de poulet
- 2 cuillères à soupe de feuilles de persil frais hachées

Directions:

Préchauffer le four à 425 ° F. Dans un petit bol, mélanger les pommes de terre, les figues et les carottes avec l'huile d'olive, ½ cuillère à café de sel marin et le poivre. Étaler dans un plat allant au four de 9 x 13 pouces.

Assaisonnez le poulet avec le sel marin restant. Placez-le sur les légumes. Cuire jusqu'à ce que les légumes soient tendres et que le poulet atteigne une température interne de 50° C. Saupoudrer de persil et servir.

Nutrition (pour 100 g) : 429 calories 4 g de matières grasses 27 g de glucides 52 g de protéines 581 mg de sodium

Poulet et Tzatziki

Temps de préparation : 15 minutes
Temps de cuisson: 1 heure et 20 minutes
Portions : 6
Niveau de difficulté : moyen

Ingrédients:

- 1 livre de poitrine de poulet hachée
- 1 oignon râpé avec l'excès d'eau essoré
- 2 cuillères à soupe de romarin séché
- 1 cuillère à soupe de marjolaine séchée
- 6 gousses d'ail, émincées
- ½ cuillère à café de sel marin
- ¼ cuillère à café de poivre noir fraîchement moulu
- Sauce Tzatziki grecque

Directions:

Préchauffer le four à 350 ° F. Mélanger le poulet, l'oignon, le romarin, la marjolaine, l'ail, le sel de mer et le poivre à l'aide d'un robot culinaire. Mélangez jusqu'à ce qu'une pâte se forme. Vous pouvez également mélanger ces ingrédients dans un bol jusqu'à ce que le tout soit bien mélangé (voir conseil de préparation).

Presser le mélange dans une plaque à pâtisserie. Cuire au four jusqu'à ce que la température interne atteigne 165 degrés. Retirer du four et laisser reposer 20 minutes avant de trancher.

Tranchez le gyro et versez la sauce tzatziki sur le dessus.

Nutrition (pour 100 g) : 289 calories 1 g de matières grasses 20 g de glucides 50 g de protéines 622 mg de sodium

Moussaka

Temps de préparation : 10 minutes
Temps de cuisson: 45 minutes
Portions : 8
Niveau de difficulté : difficile

Ingrédients:

- 5 cuillères à soupe d'huile d'olive extra vierge, divisées
- 1 aubergine tranchée (avec la peau)
- 1 oignon, haché
- 1 poivron vert épépiné et haché
- 1 livre de dinde hachée
- 3 gousses d'ail, émincées
- 2 cuillères à soupe de concentré de tomate
- 1 boîte (14 onces) de tomates hachées, égouttées
- 1 cuillère à soupe d'assaisonnement italien
- 2 cuillères à café de sauce Worcestershire
- 1 cuillère à café d'origan séché
- ½ cuillère à café de cannelle moulue
- 1 tasse de yogourt grec sans gras et non sucré
- 1 œuf battu
- ¼ cuillère à café de poivre noir fraîchement moulu
- ¼ cuillère à café de muscade moulue
- ¼ tasse de parmesan râpé
- 2 cuillères à soupe de feuilles de persil frais hachées

Directions:

Préchauffer le four à 400 ° F. Cuire 3 cuillères à soupe d'huile d'olive jusqu'à ce qu'elle brille. Ajouter les tranches d'aubergines et faire dorer 3 à 4 minutes de chaque côté. Transférer sur du papier absorbant pour égoutter.

Remettez la poêle sur le feu et versez les 2 cuillères à soupe d'huile d'olive restantes. Ajoutez l'oignon et le poivron vert. Continuez la cuisson jusqu'à ce que les légumes soient tendres. Retirer de la poêle et réserver.

Mettez la casserole sur le feu et ajoutez la dinde. Cuire environ 5 minutes en émiettant avec une cuillère jusqu'à ce qu'il soit doré. Incorporer l'ail et cuire 30 secondes en remuant constamment.

Incorporer la pâte de tomates, les tomates, l'assaisonnement italien, la sauce Worcestershire, l'origan et la cannelle. Remettez l'oignon et le poivron dans la poêle. Cuire 5 minutes en remuant. Mélangez le yaourt, l'œuf, le poivre, la muscade et le fromage.

Placer la moitié du mélange de viande dans un plat allant au four de 9 x 13 pouces. Garnir de la moitié des aubergines. Ajouter le reste du mélange de viande et le reste des aubergines. Tartiner du mélange de yaourt. Cuire jusqu'à ce qu'il soit doré. Garnir de persil et servir.

Nutrition (pour 100 g) : 338 calories 5 g de matières grasses 16 g de glucides 28 g de protéines 569 mg de sodium

Filet de porc à la dijonnaise et aux herbes

Temps de préparation : 10 minutes
Temps de cuisson: 30 minutes
Portions : 6
Niveau de difficulté : moyen

Ingrédients:

- ½ tasse de feuilles de persil italien frais, hachées
- 3 cuillères à soupe de feuilles de romarin frais hachées
- 3 cuillères à soupe de feuilles de thym frais hachées
- 3 cuillères à soupe de moutarde de Dijon
- 1 cuillère à soupe d'huile d'olive extra vierge
- 4 gousses d'ail, émincées
- ½ cuillère à café de sel marin
- ¼ cuillère à café de poivre noir fraîchement moulu
- 1 filet de porc (1 ½ lb)

Directions:

Préchauffer le four à 400 ° F. Mélanger le persil, le romarin, le thym, la moutarde, l'huile d'olive, l'ail, le sel marin et le poivre. Mélanger pendant environ 30 secondes jusqu'à consistance lisse. Répartir uniformément le mélange sur le porc et déposer sur une plaque à pâtisserie à rebords.

Cuire jusqu'à ce que la viande atteigne une température interne de 140 ° F. Retirer du four et réserver 10 minutes avant de trancher et de servir.

Nutrition (pour 100 g) : 393 calories 3 g de matières grasses 5 g de glucides 74 g de protéines 697 mg de sodium

Steak avec sauce aux champignons et vin rouge

Temps de préparation: minutes plus 8 heures pour mariner
Temps de cuisson: 20 minutes
Portions : 4
Niveau de difficulté : difficile

Ingrédients:

- <u>Pour la marinade et le steak</u>
- 1 tasse de vin rouge sec
- 3 gousses d'ail, émincées
- 2 cuillères à soupe d'huile d'olive extra vierge
- 1 cuillère à soupe de sauce soja faible en sodium
- 1 cuillère à soupe de thym séché
- 1 cuillère à café de moutarde de Dijon
- 2 cuillères à soupe d'huile d'olive extra vierge
- 1 à 1 ½ livre de steak de jupe, de steak de fer plat ou de steak à trois pointes
- <u>Pour la sauce aux champignons</u>
- 2 cuillères à soupe d'huile d'olive extra vierge
- 1 livre de champignons cremini, coupés en quartiers
- ½ cuillère à café de sel marin
- 1 cuillère à café de thym séché

- 1/8 cuillère à café de poivre noir fraîchement moulu
- 2 gousses d'ail, hachées
- 1 tasse de vin rouge sec

Directions:

Pour faire la marinade et le steak

Dans un petit bol, fouetter le vin, l'ail, l'huile d'olive, la sauce soja, le thym et la moutarde. Versez dans un sac refermable et ajoutez le steak. Faites mariner le steak au réfrigérateur pendant 4 à 8 heures. Retirez le steak de la marinade et séchez-le avec du papier absorbant.

Faites cuire l'huile d'olive dans une grande poêle jusqu'à ce qu'elle brille.

Placez le steak et faites cuire environ 4 minutes de chaque côté jusqu'à ce qu'il soit bien doré de chaque côté et que le steak atteigne une température interne de 140 ° F. Retirez le steak de la poêle et placez-le sur une assiette recouverte de papier d'aluminium pour le garder en sécurité. pendant que vous préparez la sauce aux champignons.

Lorsque la sauce aux champignons est prête, coupez le steak à contre-courant en tranches de ½ pouce d'épaisseur.

Pour faire la sauce aux champignons

Faites cuire l'huile dans la même poêle à feu moyen-vif. Ajouter les champignons, le sel marin, le thym et le poivre. Cuire environ 6 minutes en remuant très de temps en temps jusqu'à ce que les champignons soient dorés.

Faire revenir l'ail. Incorporez le vin et utilisez le côté d'une cuillère en bois pour retirer les morceaux dorés du fond de la casserole. Cuire jusqu'à ce que le liquide réduise de moitié. Servir les champignons à la cuillère sur le steak.

Nutrition (pour 100 g) : 405 calories 5 g de matières grasses 7 g de glucides 33 g de protéines 842 mg de sodium

Boulettes de viande à la grecque

Temps de préparation : 20 minutes

Temps de cuisson: 25 minutes

Portions : 4

Niveau de difficulté : moyen

Ingrédients:

- 2 tranches de pain complet
- 1 ¼ livre de dinde hachée
- 1 oeuf
- ¼ tasse de chapelure de grains entiers assaisonnée
- 3 gousses d'ail, émincées
- ¼ d'oignon rouge, râpé
- ¼ tasse de persil italien frais haché
- 2 cuillères à soupe de feuilles de menthe fraîche hachées
- 2 cuillères à soupe de feuilles d'origan frais hachées
- ½ cuillère à café de sel marin
- ¼ cuillère à café de poivre noir fraîchement moulu

Directions:

Préchauffer le four à 350 ° F. Placer du papier sulfurisé ou du papier d'aluminium sur une plaque à pâtisserie. Passez le pain sous l'eau pour le mouiller et pressez-le pour enlever l'excédent. Déchirez le pain mouillé en petits morceaux et placez-le dans un bol moyen.

Ajouter la dinde, l'œuf, la chapelure, l'ail, l'oignon rouge, le persil, la menthe, l'origan, le sel marin et le poivre. Bien mélanger. Former le mélange en boules de ¼ tasse. Placer les boulettes de viande sur la plaque à pâtisserie préparée et cuire au four environ 25 minutes ou jusqu'à ce que la température interne atteigne 165°F.

Nutrition (pour 100 g) : 350 calories 6 g de matières grasses 10 g de glucides 42 g de protéines 842 mg de sodium

Agneau aux Haricots Verts

Temps de préparation : 10 minutes
Temps de cuisson : 1 heure
Portions : 6
Niveau de difficulté : difficile

Ingrédients:

- ¼ tasse d'huile d'olive extra vierge, divisée
- 6 côtelettes d'agneau, parées du surplus de gras
- 1 cuillère à café de sel marin, divisé
- ½ cuillère à café de poivre noir fraîchement moulu
- 2 cuillères à soupe de concentré de tomate
- 1 1/2 tasse d'eau chaude
- 1 livre de haricots verts, parés et coupés en deux sur la largeur
- 1 oignon, haché
- 2 tomates hachées

Directions:

Faites cuire 2 cuillères à soupe d'huile d'olive dans une grande poêle jusqu'à ce qu'elle brille. Assaisonnez les côtelettes d'agneau avec ½ cuillère à café de sel marin et 1/8 cuillère à café de poivre. Cuire l'agneau dans l'huile chaude pendant environ 4 minutes de chaque côté jusqu'à ce qu'il soit doré des deux côtés. Disposez la viande sur un plat de service et réservez.

Remettez la poêle sur le feu et ajoutez les 2 cuillères à soupe d'huile d'olive restantes. Chauffer jusqu'à ce qu'il brille.

Dans un bol, dissoudre le concentré de tomate dans l'eau chaude. Ajoutez-le dans la poêle chaude avec les haricots verts, l'oignon, les tomates et la ½ cuillère à café de sel de mer restante et ¼ de cuillère à café de poivre. Porter à ébullition en utilisant le côté d'une cuillère pour gratter les morceaux dorés du fond de la casserole.

Remettez les côtelettes d'agneau dans la poêle. Laisser bouillir et régler le feu à moyen-doux. Laisser mijoter 45 minutes jusqu'à ce que les haricots soient tendres, en ajoutant plus d'eau si nécessaire pour ajuster l'épaisseur de la sauce.

Nutrition (pour 100 g) : 439 calories 4 g de matières grasses 10 g de glucides 50 g de protéines 745 mg de sodium

Poulet à la sauce tomate et sauce balsamique

Temps de préparation : 10 minutes
Temps de cuisson: 20 minutes
Portions : 4
Niveau de difficulté : moyen

ingrédients

- 2 (8 onces ou 226,7 g chacune) poitrines de poulet désossées et sans peau
- ½ c. sel
- ½ c. Poivre moulu
- 3 cuillères à soupe. Huile d'olive vierge extra
- ½ c. tomates cerises coupées en deux
- 2 cuillères à soupe. échalote tranchée
- ¼ c. vinaigre balsamique
- 1 cuillère à soupe. ail haché
- 1 cuillère à soupe. graines de fenouil grillées, écrasées
- 1 cuillère à soupe. beurre

Directions:

Coupez les poitrines de poulet en 4 morceaux et pilez-les avec un maillet jusqu'à ce qu'elles aient ¼ de pouce d'épaisseur. Utilisez ¼ de cuillère à café de poivre et de sel pour enrober le poulet. Faites chauffer deux cuillères à soupe d'huile dans une poêle et maintenez le feu à température moyenne. Cuire les poitrines de poulet des deux côtés pendant trois minutes. Placer sur une assiette de service et couvrir de papier d'aluminium pour garder au chaud.

Ajouter une cuillère à soupe d'huile, les échalotes et les tomates dans une poêle et cuire jusqu'à ce qu'elles soient tendres. Ajouter le vinaigre et faire bouillir le mélange jusqu'à réduction de moitié. Ajoutez les graines de fenouil, l'ail, le sel et le poivre et laissez cuire environ quatre minutes. Retirez-le du feu et mélangez-le avec le beurre. Versez cette sauce sur le poulet et servez.

Nutrition (pour 100 g) : 294 calories 17 g de matières grasses 10 g de glucides 2 g de protéines 639 mg de sodium

Salade de riz brun, feta, petits pois frais et menthe

Temps de préparation : 10 minutes
Temps de cuisson: 25 minutes
Portions : 4
Niveau de difficulté : facile

Ingrédients:

- 2 ch. riz brun
- 3 ch. cascade
- sel
- 5 onces. ou 5 onces de fromage feta émietté
- 2 ch. petits pois cuits
- ½ c. menthe hachée, fraîche
- 2 cuillères à soupe. huile d'olive
- Sel et poivre

Directions:

Mettre le riz brun, l'eau et le sel dans une casserole à feu moyen, couvrir et porter à ébullition. Réduisez le feu et laissez cuire jusqu'à ce que l'eau soit dissoute et que le riz soit tendre mais moelleux. Laisser refroidir complètement

Ajoutez la feta, les petits pois, la menthe, l'huile d'olive, le sel et le poivre dans un saladier avec le riz refroidi et mélangez. Servez et dégustez !

Nutrition (pour 100 g) : 613 calories 18,2 g de matières grasses 45 g de glucides 12 g de protéines 755 mg de sodium

Pain Pita Complet Farci Aux Olives Et Pois Chiches

Temps de préparation : 10 minutes
Temps de cuisson: 20 minutes
Portions : 2
Niveau de difficulté : moyen

Ingrédients:

- 2 pochettes de pita complet
- 2 cuillères à soupe. huile d'olive
- 2 gousses d'ail, hachées
- 1 oignon, haché
- ½ c. cumin
- 10 olives noires, hachées
- 2 ch. pois chiches cuits
- Sel et poivre

Directions:

Coupez les poches de pita et réservez. Réglez le feu à moyen et placez une casserole en place. Ajouter l'huile d'olive et faire chauffer. Mélangez l'ail, l'oignon et le cumin dans la poêle chaude et remuez pendant que les oignons ramollissent et que le cumin soit parfumé. Ajoutez les olives, les pois chiches, le sel et le poivre et remuez le tout jusqu'à ce que les pois chiches soient dorés.

Retirez la casserole du feu et utilisez la cuillère en bois pour écraser grossièrement les pois chiches afin que certains soient intacts et que d'autres soient écrasés. Faites chauffer les poches de pita au micro-ondes, au four ou sur une casserole propre sur la cuisinière.

Remplissez-les de votre mélange de pois chiches et dégustez !

Nutrition (pour 100 g) : 503 calories 19 g de matières grasses 14 g de glucides 15,7 g de protéines 798 mg de sodium

Carottes rôties aux noix et haricots cannellini

Temps de préparation : 10 minutes
Temps de cuisson: 45 minutes
Portions : 4
Niveau de difficulté : moyen

Ingrédients:

- 4 carottes pelées, hachées
- 1 c. Des noisettes
- 1 cuillère à soupe. Miel
- 2 cuillères à soupe. huile d'olive
- 2 ch. haricots cannellini en conserve, égouttés
- 1 branche de thym frais
- Sel et poivre

Directions:

Réglez le four à 400 F/204 C et tapissez une plaque à pâtisserie ou une plaque à pâtisserie de papier sulfurisé. Placez les carottes et les noix sur la plaque à pâtisserie ou le moule tapissé. Versez un filet d'huile d'olive et de miel sur les carottes et les noix et frottez-les partout pour vous assurer que chaque morceau est bien enrobé. Étalez les haricots sur la plaque à pâtisserie et placez-les dans les carottes et les noix.

Ajoutez le thym, saupoudrez le tout de sel et de poivre, mettez la poêle au four et laissez cuire environ 40 minutes.

Servir et déguster

Nutrition (pour 100 g) : 385 calories 27 g de matières grasses 6 g de glucides 18 g de protéines 859 mg de sodium

Poulet au beurre assaisonné

Temps de préparation : 10 minutes

Temps de cuisson: 25 minutes

Portions : 4

Niveau de difficulté : moyen

Ingrédients:

- ½ c. Crème fouettée épaisse
- 1 cuillère à soupe. sel
- ½ c. Bouillon d'os
- 1 cuillère à soupe. Poivre
- 4 cuillères à soupe. Beurre
- 4 moitiés de poitrine de poulet

Directions:

Placez la plaque à pâtisserie sur le four à feu moyen et ajoutez une cuillère à soupe de beurre. Une fois le beurre chaud et fondu, insérez le poulet et faites cuire cinq minutes des deux côtés. Au bout de ce temps, le poulet doit être cuit et doré ; si c'est le cas, allez-y et placez-le sur une assiette.

Ensuite, vous ajouterez le bouillon d'os dans la poêle chaude. Ajouter la crème fouettée, le sel et le poivre. Ensuite, laissez la poêle tranquille jusqu'à ce que la sauce commence à mijoter. Laissez ce processus se dérouler pendant cinq minutes pour épaissir la sauce.

Enfin, vous ajouterez le reste du beurre et le poulet dans la poêle. Assurez-vous d'utiliser une cuillère pour déposer la sauce sur le poulet et l'étouffer complètement. Servir

Nutrition (pour 100 g) : 350 calories 25 g de matières grasses 10 g de glucides 25 g de protéines 869 mg de sodium

Double poulet au bacon et au fromage

Temps de préparation : 10 minutes

Temps de cuisson: 30 minutes

Portions : 4

Niveau de difficulté : facile

Ingrédients:

- 125 grammes. ou 113g. Fromage à la crème
- 1 c. Fromage cheddar
- 8 tranches de bacon
- Sel de mer
- Poivre
- 2 gousses d'ail, hachées finement
- Poitrine de poulet
- 1 cuillère à soupe. Graisse de bacon ou beurre

Directions:

Préparer le four à 400 F / 204 C Couper les poitrines de poulet en deux pour les rendre fines

Assaisonner avec du sel, du poivre et de l'ail. Beurrer une plaque à pâtisserie et y déposer les poitrines de poulet. Ajouter le fromage à la crème et le cheddar sur les poitrines

Ajoutez également les tranches de bacon. Mettez la poêle au four pendant 30 minutes. Servez chaud.

Nutrition (pour 100 g) : 610 calories 32 g de matières grasses 3 g de glucides 38 g de protéines 759 mg de sodium

Crevettes au Citron et Poivre

Temps de préparation : 10 minutes

Temps de cuisson: 10 minutes

Portions : 4

Niveau de difficulté : facile

Ingrédients:

- 40 crevettes décortiquées, décortiquées
- 6 gousses d'ail émincées
- Sel et poivre noir
- 3 cuillères à soupe. huile d'olive
- ¼ c. paprika doux
- Une pincée de flocons de piment haché
- ¼ c. Zeste de citron râpé
- 3 cuillères à soupe. Xérès ou un autre vin
- 1 cuillère à soupe et demie. ciboulette tranchée
- Jus de 1 citron

Directions:

Réglez le feu à moyen-vif et placez une poêle.

Ajouter l'huile et les crevettes, saupoudrer de poivre et de sel et cuire 1 minute. Ajouter le paprika, l'ail et les flocons de piment, mélanger et cuire 1 minute. Incorporer délicatement le sherry et cuire encore une minute

Retirez les crevettes du feu, ajoutez la ciboulette et le zeste de citron, mélangez et disposez les crevettes dans les assiettes. Ajouter le jus de citron partout et servir

Nutrition (pour 100 g) : 140 calories 1 g de matières grasses 5 g de glucides 18 g de protéines 694 mg de sodium

Flétan pané et épicé

Temps de préparation : 5 minutes

Temps de cuisson: 25 minutes

Portions : 4

Niveau de difficulté : facile

Ingrédients:

- ¼ c. ciboulette fraîche hachée
- ¼ c. aneth frais haché
- ¼ c. Poivre noir moulu
- ¾ c. chapelure panko
- 1 cuillère à soupe. Huile d'olive vierge extra
- 1 cuillère à café. zeste de citron finement râpé
- 1 cuillère à café. sel de mer
- 1/3 c. persil frais haché
- 4 (6 onces ou 170 g chacun) filets de flétan

Directions:

Dans un bol moyen, mélanger l'huile d'olive et le reste des ingrédients sauf les filets de flétan et la chapelure.

Placer les filets de flétan dans le mélange et laisser mariner pendant 30 minutes. Préchauffer le four à 400 F/204 C. Placer du papier d'aluminium sur une plaque à pâtisserie, vaporiser d'enduit à cuisson. Tremper les filets dans la chapelure et les déposer sur une plaque à pâtisserie. Cuire au four pendant 20 minutes. Servir chaud.

Nutrition (pour 100 g) : 667 calories 24,5 g de matières grasses 2 g de glucides 54,8 g de protéines 756 mg de sodium

Curry de saumon à la moutarde

Temps de préparation : 10 minutes

Temps de cuisson: 20 minutes

Portions : 4

Niveau de difficulté : facile

Ingrédients:

- ¼ c. piment rouge moulu ou poudre de chili
- ¼ c. curcuma, moulu
- ¼ c. sel
- 1 cuillère à café. Miel
- ¼ c. poudre d'ail
- 2 cuillères à café. moutarde complète
- 4 (6 onces ou 170 g chacun) filets de saumon

Directions:

Dans un bol, mélanger la moutarde et le reste des ingrédients sauf le saumon. Préchauffer le four à 350 F/176 C. Beurrer un plat allant au four avec un enduit à cuisson. Placez le saumon sur la plaque à pâtisserie, côté peau vers le bas et étalez uniformément le mélange de moutarde sur les filets. Mettez au four et faites cuire au four pendant 10 à 15 minutes ou jusqu'à ce qu'il s'écaille.

Nutrition (pour 100 g) : 324 calories 18,9 g de matières grasses 1,3 g de glucides 34 g de protéines 593 mg de sodium

Saumon en croûte de noix et romarin

Temps de préparation : 10 minutes

Temps de cuisson: 25 minutes

Portions : 4

Niveau de difficulté : moyen

Ingrédients:

- 1 livre ou 450 g. Filet de saumon sans peau surgelé
- 2 cuillères à café. Moutarde de Dijon
- 1 gousse d'ail, hachée
- ¼ c. Écorces de citron
- ½ c. Miel
- ½ c. sel casher
- 1 cuillère à café. romarin frais haché
- 3 cuillères à soupe. chapelure panko
- ¼ c. poivron rouge haché
- 3 cuillères à soupe. Noix hachées
- 2 cuillères à café. Huile d'olive vierge extra

Directions:

Préparez le four à 420°F/215°C et utilisez du papier sulfurisé pour tapisser une plaque à pâtisserie à rebords. Dans un bol, mélanger la moutarde, le zeste de citron, l'ail, le jus de citron, le miel, le romarin, le piment haché et le sel. Dans un autre bol, mélanger les noix, le panko et 1 cuillère à café d'huile. Placer du papier sulfurisé sur la plaque à pâtisserie et déposer le saumon dessus.

Étalez le mélange de moutarde sur le poisson et recouvrez du mélange de panko. Verser légèrement le reste de l'huile d'olive sur le saumon. Cuire au four environ 10 à 12 minutes ou jusqu'à ce que le saumon soit séparé par une fourchette. Servir chaud

Nutrition (pour 100 g) : 222 calories 12 g de matières grasses 4 g de glucides 0,8 g de protéines 812 mg de sodium

Spaghettis rapides à la tomate

Temps de préparation : 10 minutes

Temps de cuisson: 25 minutes

Portions : 4

Niveau de difficulté : moyen

Ingrédients:

- 8 onces. ou 8 onces de spaghetti
- 3 cuillères à soupe. huile d'olive
- 4 gousses d'ail, tranchées
- 1 piment jalapeno, tranché
- 2 ch. tomates cerises
- Sel et poivre
- 1 cuillère à café. vinaigre balsamique
- ½ c. Fromage Parmesan râpé

Directions:

Porter une grande casserole d'eau à ébullition à feu moyen. Ajoutez une pincée de sel et portez à ébullition puis ajoutez les spaghettis. Laissez cuire 8 minutes. Pendant la cuisson des pâtes, faites chauffer l'huile dans une poêle et ajoutez l'ail et le jalapeño. Cuire encore 1 minute, puis incorporer les tomates, le poivre et le sel.

Cuire 5 à 7 minutes jusqu'à ce que la peau des tomates éclate.

Ajoutez le vinaigre et retirez du feu. Bien égoutter les spaghettis et mélanger-les avec la sauce tomate. Saupoudrer de fromage et servir aussitôt.

Nutrition (pour 100 g) : 298 calories 13,5 g de matières grasses 10,5 g de glucides 8 g de protéines 749 mg de sodium

Fromage cuit au chili et à l'origan

Temps de préparation : 10 minutes

Temps de cuisson: 25 minutes

Portions : 4

Niveau de difficulté : facile

Ingrédients:

- 8 onces. ou 8 onces de fromage feta
- 125 grammes. ou 113 g de mozzarella émiettée
- 1 piment tranché
- 1 cuillère à café. origan séché
- 2 cuillères à soupe. huile d'olive

Directions:

Placez la feta dans un petit plat allant au four profond. Garnir de mozzarella puis assaisonner de tranches de poivre et d'origan. couvrir la casserole avec le couvercle. Cuire au four préchauffé à 350 F/176 C pendant 20 minutes. Servez le fromage et dégustez-le.

Nutrition (pour 100 g) : 292 calories 24,2 g de matières grasses 5,7 g de glucides 2 g de protéines 733 mg de sodium

311. Poulet Croustillant Italien

Temps de préparation : 10 minutes

Temps de cuisson: 30 minutes

Portions : 4

Niveau de difficulté : facile

Ingrédients:

- 4 cuisses de poulet
- 1 cuillère à café. basilic séché
- 1 cuillère à café. origan séché
- Sel et poivre
- 3 cuillères à soupe. huile d'olive
- 1 cuillère à soupe. vinaigre balsamique

Directions:

Assaisonnez bien le poulet avec le basilic et l'origan. À l'aide d'une poêle, ajoutez l'huile et faites chauffer. Ajoutez le poulet à l'huile chaude. Laissez cuire chaque côté pendant 5 minutes jusqu'à ce qu'il soit doré, puis couvrez la poêle avec un couvercle.

Baissez le feu à moyen et faites cuire 10 minutes d'un côté, puis retournez le poulet à plusieurs reprises et faites cuire encore 10 minutes jusqu'à ce qu'il soit croustillant. Servez le poulet et dégustez.

Nutrition (pour 100 g) : 262 calories 13,9 g de matières grasses 11 g de glucides 32,6 g de protéines 693 mg de sodium

Poulet grec à la mijoteuse

Temps de préparation : 20 minutes

Temps de cuisson : 3 heures

Portions : 4

Niveau de difficulté : moyen

Ingrédients:

- 1 cuillère à soupe d'huile d'olive extra vierge
- 2 lb de poitrines de poulet désossées
- ½ cuillère à café de sel casher
- ¼ cuillère à café de poivre noir
- 1 pot (12 onces) de poivrons rouges rôtis
- 1 tasse d'olives de Kalamata
- 1 oignon rouge moyen, haché
- 3 cuillères à soupe de vinaigre de vin rouge
- 1 cuillère à soupe d'ail émincé
- 1 cuillère à café de miel
- 1 cuillère à café d'origan séché
- 1 cuillère à café de thym séché
- ½ tasse de fromage feta (facultatif, pour servir)
- Herbes fraîches hachées : n'importe quel mélange de basilic, de persil ou de thym (facultatif, pour servir)

Directions:

Badigeonner la mijoteuse d'un enduit à cuisson antiadhésif ou d'huile d'olive. Faites cuire l'huile d'olive dans une grande poêle. Assaisonner les deux côtés de la poitrine de poulet. Une fois l'huile chaude, ajoutez les poitrines de poulet et faites-les dorer des deux côtés (environ 3 minutes).

Une fois cuit, transférer dans la mijoteuse. Ajouter les poivrons rouges, les olives et l'oignon rouge aux poitrines de poulet. Essayez de placer les légumes autour du poulet et non directement dessus.

Dans un petit bol, mélangez le vinaigre, l'ail, le miel, l'origan et le thym. Une fois combiné, versez-le sur le poulet. Laisser mijoter le poulet pendant 3 heures ou jusqu'à ce qu'il ne soit plus rose au centre. Servir avec du fromage feta émietté et des herbes fraîches.

Nutrition (pour 100 g) : 399 calories 17 g de matières grasses 12 g de glucides 50 g de protéines 793 mg de sodium

Poulet grillé

Temps de préparation : 10 minutes

Temps de cuisson : 4 heures

Portions : 4

Niveau de difficulté : moyen

Ingrédients:

- 2 lb de poitrines de poulet désossées ou de filets de poulet
- Le jus d'un citron
- 3 gousses d'ail
- 2 cuillères à café de vinaigre de vin rouge
- 2-3 cuillères à soupe d'huile d'olive
- ½ tasse de yaourt grec
- 2 cuillères à café d'origan séché
- 2-4 cuillères à café d'assaisonnement grec
- ½ petit oignon rouge, haché
- 2 cuillères à soupe d'aneth
- Sauce Tzatziki grecque
- 1 tasse de yaourt grec naturel
- 1 cuillère à soupe d'aneth
- 1 petit concombre anglais, haché
- Pincée de sel et de poivre
- 1 cuillère à café de poudre d'oignon
- <u>Pour les condiments :</u>

- Tomates
- Concombres hachés
- Oignon rouge haché
- Feta en dés
- Pain pita émietté

Directions:

Coupez les poitrines de poulet en cubes et placez-les dans la mijoteuse. Ajoutez le jus de citron, l'ail, le vinaigre, l'huile d'olive, le yaourt grec, l'origan, l'assaisonnement grec, l'oignon rouge et l'aneth dans la mijoteuse et remuez pour vous assurer que tout est bien mélangé.

Cuire à feu doux pendant 5 à 6 heures ou à feu vif pendant 2 à 3 heures. Pendant ce temps, ajoutez tous les ingrédients de la sauce tzatziki et mélangez. Une fois bien mélangé, placez au réfrigérateur jusqu'à ce que le poulet soit cuit.

Lorsque le poulet a fini de cuire, servir avec du pain pita et une ou toutes les garnitures énumérées ci-dessus.

Nutrition (pour 100 g) : 317 calories 7,4 g de matières grasses 36,1 g de glucides 28,6 g de protéines 476 mg de sodium